Als die Rosse des Pharao mit seinen Wagen und
Reitern ins Meer hineingingen, ließ der Herr
die Wasser des Meeres über sie zurückfluten,
während die Israeliten im Trockenen mitten durch
das Meer gezogen waren.
Da griff die Prophetin Mirjam, Aarons Schwester,
zur Handpauke, und alle Frauen zogen hinter
ihr her mit Handpauken und im Reigen.
Und Mirjam sang ihnen vor:
Singet dem Herrn,
denn hoch erhaben ist er;
Roß und Reiter warf er ins Meer.

2. Mose 15,19–21

Heidemarie Langer
Herta Leistner
Elisabeth Moltmann-Wendel

# Mit Mirjam durch das Schilfmeer

## Frauen bewegen die Kirche

Kreuz Verlag

CIP-Kurztitelaufnahme der Deutschen Bibliothek

**Langer, Heidemarie:**
Mit Mirjam durch das Schilfmeer: Frauen bewegen d. Kirche /
Heidemarie Langer; Herta Leistner; Elisabeth Moltmann-Wendel.
– 1. Auflage. – Stuttgart; Berlin: Kreuz-Verlag, 1982.
  ISBN 3-7831-0663-X
NE: Leistner, Herta:; Moltmann-Wendel, Elisabeth:

1. Auflage
© Kreuz Verlag Stuttgart 1982
Gestaltung: Hans Hug
Gesamtherstellung: Ebner Ulm
ISBN 3 7831 0663 X

# Inhalt

## Mit Mirjam durch das Schilfmeer

## Frauen bewegen die Kirche

# Vorwort

»Mit Mirjam durchs Schilfmeer«, das war unser Erleben in der Vorbereitung und Durchführung der Bibelarbeit zu 2. Mose 14 beim Forum »Frauen bewegen die Kirche« auf dem Deutschen Evangelischen Kirchentag in Hamburg 1981.
Wir drei hatten diese Aufgabe mit Freude übernommen. Der Text begleitete uns durch Monate hindurch, forderte uns heraus, zu überlegen, was das für uns und für andere Frauen heißt: ausziehen aus der fremden Heimat, in der Wüste den Weg suchen; eingeklemmt sein zwischen dem Alten, das uns von hinten mit Macht einholt, und dem Neuen, das undurchdringlich vor uns liegt; stille sein, standhalten und diesem Gott trauen. Auch damit fertig werden, daß Menschen in dem Prozeß der Befreiung auf der Strecke bleiben; und uns freuen, daß Roß und Reiter, die Macht der Mächtigen, der Männlichkeitswahn, unsere Verehrung von männlicher Macht, im Meer versinken.

Das schwesterliche Zusammenarbeiten war ein Erlebnis, das uns Glück bedeutete.

Daß die 5000 Frauen und auch Männer in der Halle 7 so mit uns auf diesen Weg des Auszugs gingen, einander hörten, miteinander redeten und sangen, stille wurden, mittrauerten und sich mitfreuten, das war ein Geschenk, das uns bescheiden und dankbar werden ließ.

Auch die Reaktionen, die danach in vielen Gesprächen, Briefen, Einladungen, Bitten um die Texte kamen, zeigen uns, daß viele von uns auf diesem Kirchentag neu erlebten, was Schwesterlichkeit sein kann.

Wir erleben, daß die Botschaft der Bibel Weiten eröffnet und daß es vielleicht auch in unserer Kirche Raum für neue Ansätze gibt, wenn wir es wagen, miteinander aufzubrechen und miteinander zu gehen.

Mit diesem Buch möchten wir uns bei allen bedanken und ein wenig zur Stärkung auf dem Weg beitragen.

*Heidemarie Langer*
*Herta Leistner*
*Elisabeth Moltmann-Wendel*

# Drei Frauen
## am Schilfmeer

*Elisabeth*: Ich hab's doch gleich geahnt. Das konnte doch nicht gutgehen! Jetzt haben wir's. Die Ägypter hinter uns, das Meer vor uns. So ein Auszug muß doch geplant sein! Nichts war geplant. Alles war Risiko. Auf Glauben, Vertrauen, Gott-Vertrauen, unser Glück, unser Gelingen aufgebaut. Blindes Vertrauen! Und wir zahlen die Zeche!
Wer hat denn eigentlich aus Ägypten hinausgewollt? Ich nicht. So schlecht ging's uns ja gar nicht. Unsere Vorfahren wohnten schon lange dort. Es war Heimat für uns. Ein schönes Land. Der Nil voller Fische. Das Land am Nil immer bewässert, grün und fruchtbar. Wir hatten zu essen. Wir wurden gebraucht. Wir hatten Arbeit. Wir hatten ein Dach über dem Kopf.
Zwar gab es immer mal Ärger mit den Ägyptern – wo gibt's das nicht? Nirgends ist alles vollkommen. Unsere Männer sollten mehr arbeiten. Die Normen wurden erhöht. Sie mußten für Fremde und nicht für sich arbeiten. Aber es herrschte Ord-

nung. Alles war geregelt. Wir wußten, woran wir waren, was uns morgen erwartete. Es war kein großes Glück, aber ein kleines Glück. Wir hatten unser Auskommen.

Und dann kam dieser Mose – ja, der war's, der uns das alles eingebrockt hat. Der redete und redete und gar nicht mal überzeugend in seinem ganzen Auftreten, stotternd, unbeholfen, und manchmal schien's mir, als ob er auch gar nicht so überzeugt von diesem Aufbruch wäre. Der sprach von einem gelobten Land, wo wir frei sein würden – als ob es so etwas gäbe wie ein freies Land. Überall gibt es doch Zwänge. Der sprach von Gott, der uns in die Freiheit führen würde. Ein schöner Gott, kann ich nur sagen, der uns jetzt in der Wüste verrecken läßt! So einen Abenteuer-Gott gibt es doch gar nicht. Wo Gott ist, da ist Ordnung, Zufriedenheit, Geduld. Da hält man aus, auch wenn's einem schwerfällt. So ein Mose-Gott ist eine Illusion, die nichts als Chaos hinterläßt.

Wir wollen doch mal ganz nüchtern sein: Sterben müssen wir alle. Aber ich für meinen Teil möchte nicht im Wüstensand verscharrt werden. Ich möchte nicht vergessen werden. Ich möchte nicht totgeschwiegen werden. Ich möchte in Ehren, in ordentlichen Verhältnissen sterben, ein Grab bekommen und bei andern in anständiger Erinnerung bleiben. Ich möchte keine Außenseiterin sein, nicht wie ein streunender Hund angesehen werden.

Laß uns in Ruhe, Mose – haben gerade wir Frauen gesagt. Du übernimmst dich und überforderst uns mit deiner ewigen Aufbruchstimmung. Wir haben gerade genug mit den Problemen unserer Kinder und den Schwierigkeiten unserer Männer zu tun. Mehr ist nicht drin. Dein Gott ist nicht unser Gott. Wir wissen genau, was wir uns und unseren Familien zumuten können.

Wir wollen wieder den Ägyptern dienen. Was ist denn daran so schlimm? Immer wird es Herrschende und Dienende geben. Immer wird es welche geben, die die Schmutzarbeit machen. Die Freiheit ist eine Utopie, aber keine konkrete. Ich will zurück. Ich will in mein altes Land und meine alte Ordnung. Ich will zu meinem alten Gott!

*Heidemarie:* Die Ägypter kommen, mein Gott!, es ist tatsächlich wahr, sie haben sie gesehen, sie kommen. Es darf nicht wahr sein! – Warum konnten die uns nicht loslassen, warum konnten die uns nicht freigeben, warum kommen die hinterher und müssen wieder ihre Politik der Stärke hervorkehren?! O diese gemeinen Ägypter – die ganze Zeit habe ich geahnt, daß *sie* die eigentlich Abhängigen sind, die meinen, ohne uns nicht leben zu können . . .

Zurück kann und will ich auf keinen Fall, ich gehe nicht hinter mich zurück. Ägypten, das war die Fremde, da dienten wir als Sklaven einem fremden System, fremden Inhalten, fremden Menschen. Ägypten, das ist ein abgeschlossenes System, festgemacht und starr, abgesichert nach innen und außen, übermorgen ist wie heute – das nennen sie Wachstum; nichts darf sich ändern – das nennen sie Beständigkeit, unwandelbare Wahrheit.

Vorratskammern und Denkmäler – wir haben toten Inhalten und Formen gedient und sind stumpf, körperlos, starr geworden wie der ganze todsichere Apparat, Maschinen . . . Dahin willst du zurück?

Was heißt, da hatten wir unsere Ruhe? Nur die hatten wir; das war alles, was wir hatten: die Friedhofsruhe unserer Todsicherheit, daß wir unser Leben funktionierend verwalten. Nichts anderes gab es mehr, keine Freiheit, keine Träume, und die meisten von uns hatten sie vergessen, auch die Kraft unseres Leidens und unserer Sehnsucht.

Den Gott hatten wir eingesperrt, wie wir selbst Gefangene waren. Nur manchmal holten wir ihn privat heraus und benutzten ihn als billigen Tröster für unseren Kummer.

Habt ihr denn mit einem Male unsere Geschichte vergessen und die Geschichten von den Müttern und Vätern? Die Verheißungen, zu einem gelobten Land zu kommen, zu einem gesegneten Volk zu werden, die Geschichten um Sara und Rebekka – habt ihr die alle vergessen? Den Gott, der uns träumt?

Aber all die Geschichten und unsere Leiden waren doch Antrieb, wirklich den Weg mit Gott zu wagen – laßt uns doch nicht die Ausrichtung verlieren, Schwestern! Wir können doch gar nicht zurück, zurück und hinter uns selbst, wir würden uns selbst verraten und unseren Gott, der uns doch schon in diesen ersten Schritten seinen Weg gewiesen hat – und selbst jetzt ist er gegenwärtig in unserer Nacht, seht die Feuersäule . . . Warum trauen wir der Macht Gottes nicht mehr zu?

Wir können nicht zurück, wir würden ihr Denksystem stützen, daß die Macht bei den gerüsteten Starken liegt, bei den militärisch Abgesicherten, beim jeweils Stärkeren . . . Wir lernen doch eine andere Macht kennen. Ihr Spiel ist doch nur das der Oben-und-unten-Ideologie, der Verfolger und Opfer, der Herrscher und Untergeordneten. Wir haben doch im Ausbruch ihr System durchbrochen. Gott ist kein Gott der Sicherheit, er ist ein Gott der Lebendigen, und wir trauen seinem Schutz. Bleibt doch mit dabei!

Geht doch nicht weg – gemeinsam haben wir uns doch gegenseitig Mut gemacht, als wir Mirjam hörten, und sind, uns gegenseitig stärkend, ausgezogen. Es ist mir nicht egal, wie es euch geht, wir sind doch zusammen gemeint, nicht nur privatistisch.

*Herta:* Wir können im Moment nichts tun. Das Chaos bringt auch nichts. Laßt uns ruhiger überlegen.

Ägypten fand ich insofern auch gut, als alles klarer und sicherer war, es war anstrengend – Schwerarbeit –, aber ich wußte, was ich zu tun, wie ich mich zu verhalten hatte.

Und ich fand vieles faszinierend: eine mächtige Nation, Weltmacht, wirtschaftliche Blüte, Wachstum, toller Lebensstandard, Handelsbeziehungen in alle Welt, Internationalität, militärische Sicherheit – unangreifbar, modernste Armee, technischer Fortschritt. Hohe Kultur, jahrhundertealt, Baudenkmäler, Malerei, Literatur, Musik, ausgefeilte Sprache, Philosophie, klare Vorstellungen von der Welt und ihrer Ordnung, die passende Religion, staatstragend, den Lebensrhythmus mitprägend, Feste feiernd – all das gibt es für uns nicht mehr.

Ja, es stimmt, daß das für uns nur von der Ferne so war, wir waren fremd in all diesem, aber ich verstehe, daß viele von uns zurückwollen – es war nicht optimal, aber doch klar. Dach über dem Kopf, Essen da, trotz Arbeit auch Zeit zum Leben, Heiraten. Dasein für Mann und Kinder, die Familie – keine ungewisse Zukunft – Alltagstrott.

Nein, ich will in diese falsche Ruhe und Sicherheit nicht zurück – einmal aufgebrochen, kann ich nicht wieder ins Alte rein. Aber laß doch die gehen, die wollen – vielleicht könnten sie die weiße Fahne hissen und den Ägyptern entgegenziehen. Das könnte die vom Rest ablenken und gäbe uns doch die Chance zu entkommen.

Warum willst du die andern missionieren, überzeugen? Das ist doch Ideologie – Gemeinschaftsideologie. Mirjam und solche Frauen haben zwar eine Bewegung der Frauen angefacht, aber wenn es kritisch wird, siehst du ja, fallen wir doch um. So ist es mit den Modetrends. Letztlich muß frau doch alleine entscheiden, handeln, sonst heißt es mitgegangen – mitgefangen.

Ich will nicht zurück, aber ich will auch nicht untätig mich wieder mit Gewalt nehmen, vergewaltigen lassen. Ich bin durch den Aufbruch viel zu sensibel geworden, ich könnte ein Zurück nicht überleben – aber was nun tun?

Ich überlege mir, ob ich nicht einfach abhaue, aussteige aus diesem Schlamassel, mich irgendwie durchschlage. Wohin? Das weiß ich nicht. Das Ziel geht verloren. Und wenn das alles nicht geht, mache ich Schluß – aber kriegen tun die mich nicht.

# Der Weg ist das Ziel

Wie die Bibelarbeit entstand

**Der Text**

*Der vom Deutschen Evangelischen Kirchentag für die Bibelarbeit am Donnerstag, dem 18. Juni 1981, in Hamburg vorgeschriebene Text lautete:*

Als nun der Pharao das Volk hatte ziehen lassen, führte sie Gott nicht den Weg durch das Land der Philister, der am nächsten war; denn Gott dachte, es könnte das Volk gereuen, wenn sie Kämpfe vor sich sähen, und sie könnten wieder nach Ägypten umkehren.

Und der Herr redete mit Mose und sprach: Rede zu den Kindern Israel und sprich, daß sie umkehren und sich lagern bei Pihachiroth zwischen Migdol und dem Meer, vor Baal-Zephon; diesem gegenüber sollt ihr euch lagern. Der Pharao aber wird sagen von den Kindern Israel: Sie haben sich verirrt im Lande; die Wüste hat sie eingeschlossen.

15

Und ich will sein Herz verstocken, daß er ihnen nachjage, und will meine Herrlichkeit erweisen an dem Pharao und aller seiner Macht, und die Ägypter sollen innewerden, daß ich der Herr bin. – Und sie taten so. Als es dem König von Ägypten angesagt wurde, daß das Volk geflohen war, wurde sein Herz verwandelt und das Herz seiner Großen gegen das Volk, und sie sprachen: Warum haben wir das getan und haben Israel ziehen lassen, so daß sie uns nicht mehr dienen? Und er spannte seinen Wagen an und nahm sein Volk mit sich und nahm sechshundert auserlesene Wagen und was sonst an Wagen in Ägypten war mit Kämpfern auf jedem Wagen.

Und der Herr verstockte das Herz des Pharao, des Königs von Ägypten, daß er den Kindern Israel nachjagte. Aber die Kinder Israel waren unter der Macht einer starken Hand ausgezogen. Und die Ägypter jagten ihnen nach mit Rossen, Wagen und ihren Männern und mit dem ganzen Heer des Pharao und holten sie ein, als sie sich gelagert hatten am Meer bei Pihachiroth vor Baal-Zephon.

Und als der Pharao nahe herankam, hoben die Kinder Israel ihre Augen auf, und siehe, die Ägypter zogen hinter ihnen her. Und sie fürchteten sich sehr und schrien zu dem Herrn und sprachen zu Mose: Waren nicht Gräber in Ägypten, daß du uns wegführen mußtest, damit wir in der Wüste sterben? Warum hast du uns das angetan, daß du uns aus Ägypten geführt hast? Haben wir's dir nicht schon in Ägypten gesagt: Laß uns in Ruhe, wir wollen den Ägyptern dienen? Es wäre besser für uns, den Ägyptern zu dienen, als in der Wüste zu sterben.

Da sprach Mose zum Volk: Fürchtet euch nicht, stehet fest und sehet zu, was für ein Heil der Herr heute an euch tun wird. Denn wie ihr die Ägypter heute seht, werdet ihr sie niemals wiedersehen. Der Herr wird für euch streiten, und ihr werdet stille sein. Und der Herr sprach zu Mose: Was schreist du zu mir? Sage den Kindern Israel, daß sie weiterziehen. Du aber hebe deinen Stab auf und recke deine Hand über das Meer und teile es mittendurch, so daß die Kinder Israel auf dem Trockenen mitten durch das Meer gehen. Siehe, ich will das Herz der Ägypter verstocken, daß sie hinter euch herziehen, und will meine Herrlichkeit erweisen an dem Pharao und aller seiner Macht, an seinen Wagen und Männern. Und die Ägypter sollen innewerden, daß ich der Herr bin, wenn ich meine Herrlichkeit erweise an dem Pharao und an seinen Wagen und Männern.

Da erhob sich der Engel Gottes, der vor dem Heer Israels herzog, und stellte sich hinter sie. Und die Wolkensäule vor ihnen erhob sich und trat hinter sie und kam zwischen das Heer der Ägypter und das Heer Israels. Und dort war die Wolke finster, und hier erleuchtete sie die Nacht, und so kamen die Heere die ganze Nacht einander nicht näher.

Als nun Mose seine Hand über das Meer reckte, ließ es der Herr zurückweichen durch einen starken Ostwind die ganze Nacht und machte das Meer trocken, und die Wasser teilten sich. Und die Kinder Israels gingen hinein mitten ins Meer auf dem Trockenen, und das Wasser war ihnen eine Mauer zur Rechten und zur Linken. Und die Ägypter folgten und zogen hinein ihnen nach, alle Rosse des Pharao, seine Wagen und Männer, mitten ins Meer.

Als nun die Zeit der Morgenwache kam, schaute der Herr auf das Heer der Ägypter aus der Feuersäule und der Wolke und brachte einen Schrecken über ihr Heer und hemmte die Räder ihrer Wagen und machte, daß sie nur schwer vorwärtskamen. Da sprachen die Ägypter: Laßt uns fliehen vor Israel; der Herr streitet für sie wider Ägypten. Aber der Herr sprach zu Mose: Recke deine Hand aus über das Meer, daß das Wasser wiederkomme und herfalle über die Ägypter, über ihre Wagen und Männer.

Da reckte Mose seine Hand aus über das Meer, und das Meer kam gegen Morgen wieder in sein Bett, und die Ägypter flohen ihm entgegen. So stürzte der Herr sie mitten ins Meer. Und das Wasser kam wieder und bedeckte Wagen und Männer, das ganze Heer des Pharao, das ihnen nachgefolgt war ins Meer, so daß nicht einer von ihnen übrigblieb.

Aber die Kinder Israels gingen trocken mitten durchs Meer, und das Wasser war ihnen eine Mauer zur Rechten und zur Linken. So errettete der Herr an jenem Tage Israel aus der Ägypter Hand. Und sie sahen die Ägypter tot am Ufer des

Meeres liegen. So sah Israel die mächtige Hand, mit der der Herr an den Ägyptern gehandelt hatte. Und das Volk fürchtete den Herrn, und sie glaubten ihm und seinem Knecht Mose.

*2. Mose 13,17 und 14,1–31*

*Angelika Schmidt-Biesalski führte ein halbes Jahr nach dem Hamburger Kirchentag mit Heidemarie Langer, Herta Leistner und Elisabeth Moltmann-Wendel das folgende Gespräch.*

*Angelika:* Wie seid ihr überhaupt zu diesem kriegerischen Text gekommen?

*Herta:* Da gab's nicht viel zu überlegen. Die Frage war, ob wir beim Forum der Frauen auf dem Kirchentag eine Bibelarbeit machen, und dann war klar, daß der Text, der für diesen Tag ausgesucht war, auch unser Bibelarbeitstext sein wird.

*Heidemarie:* Wir hätten uns den nicht selber ausgesucht – auf Anhieb –, ganz bestimmt nicht. Wenn wir gebeten worden wären, was zu machen und uns den Text auszusuchen, hätten wir einen anderen genommen.

*Elisabeth:* Ja, aber es ergab sich dann, daß es sicher der beste Text war von allen drei Tagen des Kirchentages. So Schönes hätten wir nicht sagen können mit den anderen Texten.

*Herta:* Dabei war es ja so, daß wir zunächst gar nicht wußten, daß Mirjam nicht in dem Text vorkommt. Als der Telefonanruf kam und es hieß, es sei 2. Mose 14, die Geschichte mit der Mirjam, nahm ich meine Bibel aus dem Schrank und las das nach und sah, daß da von Mirjam weit und breit nichts drinsteht, sondern daß das der Durchzug durchs Schilfmeer ist.

*Elisabeth:* Dann kam die Zeit, in der wir uns fragten: Können wir überhaupt mit diesem Text was machen? Bei der offiziellen Vorbereitungstagung für die Kirchentagsbibelarbeiten in Arnoldshain merkten wir, wie Männer mit einem solchen Text umgehen. Nach dieser Tagung war ich völlig erschöpft, besonders von der Art, wie die Männer mit der Bibel umgehen. Ich sagte mir: Entweder wir werfen noch einmal alles hin, oder wir drehen das Ganze um, stellen es auf den Kopf und fragen: Wie sehen Frauen die Geschichte, kommen Frauen darin vor und was machen wir als Frauen damit?

*Angelika:* Wie sind Männer mit dem Text umgegangen?

*Elisabeth:* Man ging historisch vor, man war interessiert an der Aufrüstung und an der Nachrüstung der Ägypter; das waren sehr aktuelle Fragen. Aber man fragte nie nach dem einzelnen Menschen, nach seiner Betroffenheit dabei. Es war eine objektivierende Art, mit dem Text sachlich umzugehen, ihn zeitgemäß auszulegen. Aber das Ich kam dabei nicht vor.

*Herta:* Das war sehr verunsichernd für uns, denn wir hatten vier Wochen vorher mit einer Gruppe Frauen auf der Tagung »Feministische Theologie« an dem Text gearbeitet, und da waren wir genauso entsetzt, weil dort viele ganz persönliche Reaktionen auf Auszugssituationen kamen. Die Frauen sprachen von Aufbruchsituationen aus ihren Ehen oder aus ihren Beziehungen und fragten: Was passiert mit den Männern und den Kindern, wenn wir aufbrechen, und was ist mit den toten zurückgebliebenen Ägyptern? Es gab also eine große Spannung zwischen dem, wie die in Arnoldshain mit dem Text umgegangen waren, und der Art, wie die Frauen reagiert hatten.

## Auszug aus Ägypten

*Angelika:* Die Verunsicherung durch die Art und Weise, wie die Frauen bei der Tagung »Feministische Theologie« mit dem Text umgegangen sind, ist also daher gekommen, daß ihr euch gefragt habt: Dürfen wir das eigentlich, einer so großen Versammlung, dem ersten Frauenforum bei einem Kirchentag, einen solchen Text in dieser Weise auslegen? Stoßen wir sie damit nicht geradezu an, auszuziehen?

*Heidemarie:* Ja, und auch: Wie können wir so etwas überhaupt umsetzen?

*Elisabeth:* Auszug, das hieß für die Frauen unserer Werkstatt Scheidung, so daß wir, die wir verheiratet waren – wir waren vielleicht zwei, drei in dieser Gruppe –, unsicher waren und sagten: Wir sind glücklich verheiratet, hat denn dieser Text uns nichts zu sagen? Die massive Assoziation, Auszug gleich Scheidung, ist bei Frauen anscheinend sehr deutlich, und wir fragten uns: Wie machen wir diesen Text verbindlich für sie und so viele andere Frauen, junge Frauen, die noch keine Ehe eingegangen sind, aber nicht ablehnend sind; alte Frauen, die glückliche Ehen hinter sich haben; Frauen, die aus Verhältnissen kommen, wo eine Partnerschaft etwas Selbstverständliches ist? Was heißt da Auszug? Es war wichtig, daß wir einmal so zurückgefragt haben: Wo stehen denn wir Frauen heute, und sind wir nicht schon längst irgendwo ausgezogen, nicht aus Ehen, sondern in anderer Weise, aus anderen Problemen?

*Heidemarie:* Wir haben dadurch auch zu diesem Wort »Ägypten« eine andere Beziehung gefunden als manche von den Männern, die wir in Arnoldshain kennengelernt haben. Die Frauen haben Ägypten ziemlich schnell auf einer Symbolebene gesehen, als etwas Fremdes, als Fremdherrschaft, Sklaverei, Gefangengehalten-Werden, Eingezwängt-Sein, Nicht-sie-selbst-sein-Dürfen, Keine-Luft-mehr-Kriegen. Das waren ganz existentielle Situationen, die zur Sprache kamen, wie sie für die Männer, die historisch an den Text herangingen, gar nicht wichtig waren.

*Elisabeth:* Nach dieser offiziellen Bibelarbeitsvorbereitung vom Kirchentag haben wir drei uns zusammengesetzt und haben gesagt: Entweder sagen wir jetzt nein, oder wir gehen von Frauen aus und fragen, wie Frauen den Auszug erlebt haben. Frauen sind ja mit ausgezogen. Dann haben wir uns entschlossen, alles auf den Kopf zu stellen, und das war eine sehr befreiende Erkenntnis. Danach fuhr ich sehr glücklich nach Hause und dachte: Wir machen alles anders, wir machen alles neu. Und aus dieser Entscheidung ist dann etwas geworden.

*Heidemarie:* Im Grunde haben wir an dieser Stelle schon unsere Bibelarbeit gemacht. Da haben wir uns nämlich losgelöst von dem Ägypten der klassischen theologischen Auslegung und haben uns gesagt: Wir wagen es, uns auf den ungewissen Weg zu begeben, bis hin zum Schilfmeer, das sich dann hoffentlich öffnen wird. Und »Schilfmeer«, das bedeutete für uns zunächst: der Kirchentag.

*Herta:* Die dritte Station, und damit war der rote Faden schon da, war dann, zu fragen: Was passiert eigentlich, wenn man jenseits des Schilfmeeres steht?

*Heidemarie:* Das heißt: Wie ist es hinterher? Was sagen dann die anderen zu uns?

*Herta:* Damit war das Konzept der drei großen Teile der Bibelarbeit schon festgelegt.

*Heidemarie:* Allein unser Erleben war schon die Geschichte. Dann haben wir uns den Text angesehen und gefragt: Was sind die einzelnen Teile? Wir sind einfach entlang der Geschichte gegangen und haben gemerkt, es ergibt sich ganz von selbst eine Struktur.

*Herta:* Aufbruch – Wüste – Durchzug – Jenseits.

*Elisabeth:* Dabei haben wir gemerkt, daß wir schon aufgebrochen sind und daß wir uns nicht mehr zu entschließen brauchen, aufzubrechen, denn wir sind schon auf dem Wege. Es war ein entscheidender Punkt, als wir uns sagten: Wir bewegen nicht nur etwas, sondern wir bewegen andere Frauen, so wie wir bewegt sind. Wir gehen sozusagen in Reihe voran und nicht als einzelne, die sich nun entschließen, etwas Neues anzufangen. Wir sind schon nicht mehr die Alten, die wir vor zehn Jahren waren, wir sind schon andere geworden, durch welche Erfahrungen auch immer, auch wenn wir es nicht wollten, unlustig oder unwillig oder manchmal auch begeistert waren. Wir sind alle im gleichen Boot und müssen jetzt weiterfahren, und das wollen wir jetzt zum Ausdruck bringen.

# Zu dritt

*Herta:* In dem Zusammenhang war mir wichtig, daß die Anfrage nicht an eine einzelne Frau kam, sondern daß sie an uns drei kam. Dadurch kam ein Prozeß in Gang; wir überlegten zu dritt, hielten miteinander Unsicherheiten aus und konnten dadurch überhaupt erst die Linie finden, an der entlang wir dann die Bibelarbeit gestalten wollten.

*Elisabeth:* Ich hatte etwas Mißtrauen gegen solch ein Teamwork; das war ich nicht gewöhnt, denn ich hatte es noch nie gemacht. Ich dachte, da muß man alles zurechtstreichen, und dann kommt irgend etwas Ausgewogenes, Uninteressantes, Langweiliges heraus. Es war faszinierend für mich, als ich merkte, daß es ganz anders war. Jede konnte das sagen, was sie bewegt, und das wächst dann zusammen. Da ist kein Abstreichen von Außenseiterpositionen, sondern da entsteht eine Gemeinschaft von Außenseiterpositionen. Das war für mich sehr beglückend.

*Heidemarie:* Und die Wogen gingen ja auch hoch. Es war gar nicht ausgewogen.

*Elisabeth:* Aber keine von uns hat Abstriche von dem machen müssen, was sie sagen wollte. Wir haben uns nicht zurückgenommen. Es war für mich eine ganz neue Erfahrung, daß man etwas zusammen machen kann, ohne sich selbst aufzugeben.

*Heidemarie:* Ich hatte am Anfang auch Sorgen, ob ich mich bei diesem Text und mit euch zusammen so entwickeln könne, wie es meine Art ist, oder ob ich möglicherweise zu versponnen sei. Das war meine Befürchtung. Kann ich assoziativ sein, spontan kreativ, ohne mich zurücknehmen zu müssen oder von euch gleich zensiert zu werden? Diese Sorgen haben sich mit der Zeit aber verflüchtigt, und ich bekam immer mehr Mut, mir etwas einfallen zu lassen und das einzubringen. Ich habe darin dann sogar unsere Chance gesehen, daß wir drei unterschiedlich, wirklich sehr unterschiedlich sind und daß diese Unterschiede nicht nur sein, sondern sich in der Arbeit noch mehr herausschälen durften.

*Herta:* Ich hatte, was das anbetrifft, am wenigsten Angst. Weil wir beide, Heidemarie und ich, schon viel miteinander gemacht hatten, war für mich klar, daß ich ihre Art in der Bibelarbeit sogar brauche.

*Elisabeth:* Für mich war schön, daß mein theologisches Gewissen, das immer noch sehr intensiv schlägt, sich absolut vereinbaren ließ mit Heidemaries assoziativen Phantasien. Heute meine ich, man müßte viel mehr kooperativ machen, es käme dabei viel mehr heraus.

## Entdeckungen

*Heidemarie:* Spannend war ja, wie wir zusammenkamen und ausgetauscht haben, was wir unter Aufbruch verstehen und Auszug. Da hattest du, Elisabeth, nachgeforscht und Mirjam entdeckt. Da hattest du, Herta, nachgelesen im Alten Testament, und gemeinsam waren wir dran an der Existentialebene Ägypten. Dann haben wir über lange Phasen auch uns selber gefragt, was eigentlich das eigene biographische Ägypten ist und wie wir andere Frauen erleben, was für die Ägypten auf der Symbolebene ist.

*Herta:* Ich habe versucht, die politische Fragestellung mit einzubringen, weil der Exodus, der Auszug, doch ein Lebensthema ist, das zumindest Israel sehr betroffen hat. Ich war fasziniert von der jüdischen Auslegung, bei der Geschichte und Gegenwart immer miteinander verbunden werden und ebenso der einzelne und das Volk. Heidemarie aber hat versucht, sehr existentiell zu fragen, was das für eine einzelne Frau bedeuten kann, aus Ägypten auszuziehen.

*Heidemarie:* Ja, aber nicht nur für mich, sondern für viele Frauen. Ich habe versucht, das, was ich von der Frauenbewegung weiß oder auch vom Patriarchat, mit einzubringen. Und dann haben wir auch eine Phase gehabt, wo wir gesagt haben: Im Grunde sind wir in der Bundesrepublik die Ägypter, als ganzes Volk, wir sind nicht die Isrealiten. Wir haben dann

Ägypten verstanden als System und gefragt: Was heißt das für uns Frauen, uns daraus zu befreien?

## Wer kommt mit?

*Elisabeth:* Mich hat auch der Gedanke an die vielen Frauen beschäftigt, die beim Kirchentag zusammenkommen werden. Die haben wahrscheinlich von der Frauenbewegung wenig Ahnung, halten so ein Frauenforum für etwas Fremdes. Wie nehmen wir die mit, wie nehmen wir sie schwesterlich unter den Arm, ohne daß sie verschreckt sind? Das ist nicht irgendeine Taktik gewesen für mich, sondern für mich ist das eine Existenzfrage, wie ich anderen Frauen etwas von meiner Befreiung vermittle. Ich gehöre zu der älteren Generation, und für uns Ältere ist ja viel geschehen in den letzten Jahrzehnten. Wie nehmen wir nun andere mit in die neue Freiheit? Darum die Reflexion darüber, welche Möglichkeiten zum Einsteigen wir auf dem Kirchentag anbieten. Mir scheint das gelungen zu sein, und darum konnten wir in der Bibelarbeit dann auch Kritisches sagen – bis hin zum Männlichkeitswahn und zum Imponiergehabe und all diesen Dingen. Da der richtige Einstieg gelungen ist, konnten wir die anderen mitziehen.

*Heidemarie:* Die Frage war auch: Wie können wir die mitnehmen, die sonst mit der Kirche wenig im Sinn haben oder die sich in der Bibel nicht auskennen? Es gibt ja immer mehr Leute, die gar nicht mehr in einer biblischen Tradition aufwachsen wie wir noch.

*Herta:* Und ich dachte auch an die politisch engagierten Frauen, denn für die sagt der Text ja viel, denn er ist von vielen Befreiungsbewegungen als der Bibeltext für ihr Erleben und für ihre Arbeit angesehen worden. Ich fand es wichtig, daß das mit zum Ausdruck kommt.

*Elisabeth:* Aber für viele Frauen hat er diese Bedeutung noch nicht, weil Frauen in der Geschichte nicht vorkommen. Es kommt fast keine weibliche Metapher vor, es kommt keine

Mirjam in dem Text vor, und das Volk, ja, darunter sind wohl Frauen und Kinder, aber sie werden nicht ausdrücklich erwähnt. Das war nun die Schwierigkeit, diesen Text für Frauen umzusetzen und ihn für sie als eine neue Reizgeschichte ihres eigenen Auszugs darzustellen.

## Wo ist Mirjam?

*Angelika:* Bedeutet das, daß die ganze Auslegungstradition dieses Textes, sowohl die jüdische als auch die christliche, deswegen völlig unbeachtet bleiben konnte? Oder habt ihr diese Auslegungsgeschichte in irgendeiner Weise auch berücksichtigt?

*Herta:* Ich habe natürlich Gerhard von Rad gelesen und einige Kommentare, fand auch einige ganz gute Gedanken, aber in diesem Fall hat mir die jüdische Auslegungsgeschichte tatsächlich mehr geholfen, die Verbindung zwischen den verschiedenen Ebenen zu finden. Es sind oft nur einzelne Sätze gewesen, die mich da gereizt haben in der Auslegung. Im jüdischen Bereich wird zum Beispiel immer wieder gesagt, und das ist biblisch auch belegt, daß der Vater, wenn er am Seder-Abend die Liturgie liest, zum Text hinzufügt: »Das war die Geschichte, aber als *mich* Gott der Herr aus Ägypten geführt hat . . .« Von daher ist immer der aktuelle Bezug auf die lebende Generation mit gegeben. Ich habe das dann mit dem Satz gesagt, daß in jeder Generation jeder Mann, jede Frau aus Ägypten auszieht. Dieser Gedankengang war mir sehr hilfreich. Wir haben im christlichen Bereich immer gelernt, daß das eine sehr vergangene Geschichte ist, wie die damals durchs Schilfmeer gezogen sind. Was bei den Juden für mich deutlich wurde, ist, daß Vergangenheit Gegenwart ist, weil der Auszug heute wieder geschieht.

*Heidemarie:* Auch wir sind Teil dieser Geschichte, weil sie weitergeht bis in die Gegenwart. Sie ist nicht abgeschnittene Vergangenheit, sondern Teil der Heilsgeschichte, und wir sind Teil des Volkes Gottes. Und was es heißt, Volk Gottes zu sein und unter dem Schutz Gottes zu gehen, das wird in dieser Geschichte geschildert und zugleich weitergeführt durch das Alte Testament. Denn mit dem Durchzug durch das Schilfmeer hört die Heilsgeschichte ja nicht auf.

*Herta:* Wir haben auch immer gelernt, daß diese Geschichte nur mit Mose als dem Führer verbunden ist. Darum fand ich Elisabeths Entdeckung der Rolle Mirjams so spannend.

*Elisabeth:* Als uns die Geschichte vom Auszug so lebendig wurde, fiel mir auf, wie oft Frauen im 19. Jahrhundert, auch noch Anfang des 20. Jahrhunderts, also in der Frauenbewegung, von dem Aufbruch aus Ägypten gesprochen haben, mehr unbewußt, es waren keine theologisch gebildeten Frauen. Das war mir vorher nicht deutlich; und das gab mir noch eine innere Rechtfertigung, daß wir uns mit dieser Geschichte wirklich schon in einer Frauentradition befinden. Dazu kam die Entdeckung von Mirjam. Sie wird 2. Mose 15 erwähnt, sie singt das Mirjam-Lied. Und nach einer Stelle beim Propheten Micha, die sehr alt ist, heißt es, daß Gott drei Führer aus Ägyptenland bestellt hat, Mose, Mirjam und Aaron. Danach ist Mirjam ganz gleichberechtigt neben Mose und Aaron. Nun haben Neutestamentlerinnen, auch Neutestamentler, die heute in der Frauenforschung sind, gezeigt, daß Mirjam ursprünglich tatsächlich eine ganz gleichberechtigte, ebenbürtige Führerin aus Ägypten gewesen ist. Sie ist dann später, als man das nicht mehr verkraften konnte, daß Frauen selbständige, charismatische, geistbegabte Persönlichkeiten waren, zu einer Schwester des Mose gemacht worden. Aber wir haben uns nun wieder auf diese alte Tradition verlassen, daß Mirjam gleichrangig zu Mose und Aaron ist, und haben gesagt: Denken wir uns doch manchmal an der Stelle des Mose diese Frau Mirjam.

Mirjam setzt in ihrem Lied auch noch einen eigenen Akzent. In der ganzen Geschichte 2. Mose 14, also in diesem großen Auszugskapitel, wird immer gesagt, daß Gott Pharao, seine Wagen und seine Reiter ins Meer versenkt hat, also die ganze Kriegsmacht. In dem Mirjam-Lied heißt es dann ein bißchen anders akzentuiert: »Roß und Reiter warf Gott ins Meer.«

Diese Formulierung scheint mir nicht nebensächlich, darin steckt vielmehr ein tiefer Symbolgehalt. Ich glaube, daß das Mirjam-Lied eine Erinnerung an matriarchale Kulturen enthält. Es war damals die Zeit, in der Stämme aus dem Norden, die patriarchal organisiert waren, in den Mittelmeerraum einbrachen, in die matriarchalen Kulturen, wo Frauen mehr Macht hatten als Männer. Diese Nordstämme kamen mit Roß und Reiter und Wagen. Und Mirjam hat wohl die Erinnerung daran bewahrt, wenn sie singt, daß Gott keinen Gefallen an Roß und Reiter hat, das heißt an dieser männlichen Kultur. Das bringt mich auch auf den Gedanken, daß Mirjam wohl noch Symbol einer weiblichen Kultur gewesen ist oder auch eine geschichtliche Gestalt. Und das betrifft Frauen von heute. Sie erleben das Ende einer Männerkultur. Die Männerkultur wird heute in vielen Bereichen in Frage gestellt; und diese Erinnerung, Roß und Reiter hat Gott ins Meer gestürzt, ist wie ein symbolhafter Ausdruck für diesen Umbruch.

**Frauen – ägyptische Mumien?**

*Heidemarie:* Es ist eine Phase des Aufwachens, sich klarzumachen, was in dieser unserer Kultur heute Ägypten ist. Zum Beispiel sind männliche und weibliche Werte, die in jedem Menschen vorhanden sind, insofern unterentwickelt, als den Männern klare Rollen vorgeschrieben wurden und uns Frauen klare Rollen vorgeschrieben wurden und damit beide zu kurz kamen. Mit dem Unterschied, daß die Männer und männliche Werte zum herrschenden Geschlecht gemacht wurden und damit die Frauen in ihrer Rolle entsprechend unterdrückt waren. Sich so etwas deutlich zu machen und doch noch gar nicht den Mut zu haben, sich da selbständig herauszuentwikkeln und auch wirklich zu gehen, das macht es schwer, dies Ägypten zu verlassen. Und daß diese Geschichte eine Aufbruchsituation beschreibt mit allen Schwierigkeiten, eine innere Bewegung in äußere Schritte umzusetzen, das macht sie mir sehr wertvoll. Auch ist sie ja nicht nur die Geschichte einer

Einzelperson, sondern einer ganzen Gruppe oder Kultur – sei es damals die der Israeliten oder heute die von uns Frauen.

*Herta:* Was mich in der Zeit immer wieder fasziniert hat, war, wie der Text dich umgetrieben hat, um über ihn zu Aussagen zu kommen, die wirklich ehrlich sind, hinter denen du stehst und die gleichzeitig auch deutlich machen, daß das viele andere Frauen mit betrifft. Ich habe gesehen, daß du das unheimlich intensiv durchlebt hast.

*Heidemarie:* Mir ist klargeworden, daß die Frauenbewegung und was sie nach allen Analysen ausmacht, letztlich doch von jeder einzelnen Frau in ihrer Weise getragen und auch erlitten wird. Darum habe ich mich immer wieder gefragt, was sie für mich persönlich heißt, diese ägyptische Gefangenschaft, wie ich in ihr geworden bin. Dazu gehörte auch die Frage, was ich bereits verlassen habe, als Unsichere in der Wüste, und wo in mir Teile der Gefangenschaft sind, denen ich noch nicht ade gesagt habe, die ich noch hinter mir lassen muß. Das Wahrnehmen der eigenen Situation ist mir gerade durch die ähnliche Situation anderer Frauen möglich geworden, wir nennen sie mit Fug und Recht Schwestern. Es war ein langer Prozeß, mir überhaupt zuzugestehen, daß ich mir selbst fremd geworden war, in eine Rolle gesteckt, die klassisch bürgerlich ist. Ich war zurückhaltend, zulassend, stumm, duldend, stärkend und auf-bauend, aber immer für Ziele, die ich mir selbst nicht gesetzt hatte. Mir selbst ist es so gegangen und anderen Frauen anscheinend auch, daß ich erst durch das Zusammensein mit Freundinnen und vielen anderen Frauen im Laufe der letzten Jahre die Offenheit gewonnen habe, mir diese Entfremdung einzugestehen. Ich bin in Bewegung gekommen und sage nun: Nein, da kann ich nicht länger bleiben, da will ich nicht länger sein, es geht in eine ganz andere Richtung. Und diese Richtung ist insofern eine andere, als sie nicht nur Umkehrung des Bisherigen ist. Es geht nicht darum, daß wir Frauen oder ich selbst da sein möchten, wo jetzt häufig die Männer sind, sondern es geht um eine Umkehr.

*Angelika:* In der Bibelarbeit hast du von Frauen als von »halb Puppe, halb Mumie« gesprochen und dann vom Ent-wickeln. Wenn man das, in was man eingewickelt ist, abzustreifen beginnt, dann wird es zunächst kalt, das heißt, der Umgang mit dem Auszugstext kann auch schmerzlich sein.

*Heidemarie:* Die Tatsache, daß ich zu einer Puppe erzogen worden bin, ist mir sehr deutlich geworden. Zu einer Puppe, die unbeweglich ist, die irgendwo hingesetzt wird, wo Mann sie haben will, die hervorgeholt wird, wenn Mann sie braucht, die Mann wieder wegsetzt, wenn sie ihren Dienst getan hat, die vorgezeigt wird, öffentlich oder zu Hause, als Schmuck oder zum Spielen, und die zu funktionieren hat, wie Mann sie aufgezogen hat, falls sie sich bewegt. Das klingt sehr übertrieben, aber wenn man sich in das Bild vertieft, kann man schon die eigene Biographie darin erkennen. Die Mumie ist mir natürlich im Zusammenhang mit Ägypten eingefallen. Mumie deshalb, weil ich merkte, wie starr ich in vielem gewesen bin, weil ich von innen spürte, daß meine Bewegung in eine andere Richtung läuft, als meine Rolle vorschrieb, mir aber noch nicht zugestehen konnte, dieser Bewegung nach außen wirklich Raum zu geben, wirklich aufzubrechen. Das schnürt einen ein, wenn man sein eigenes Leben sich selbst nicht zugestehen kann, und man wird doppelt starr. Ent-wickeln hat etwas damit zu tun, daß man immer mehr zu einem Kern kommt, ihn auswickelt, so wie bei Zwiebeln zum Beispiel.

**Das Entwickeln**

*Elisabeth:* Es ist interessant, wie vielschichtig dieser Text ist! Heidemaries psychologische Auslegung traf sich mit meiner theologiegeschichtlichen oder theologischen, wir kamen beide im Grunde zu einem Matriarchat, sie zu einem psychischen, ich zu Resten von geschichtlichem Matriarchat, und das hat uns bestärkt, daß dieser Weg richtig ist. Wir sind in Schichten vorgestoßen, in geschichtliche und menschliche, in denen etwas anders ist. Und zu denen wollen wir wieder zurück, zu denen wollen wir uns auch entwickeln, auf die wollen wir zugehen. Das war eine Möglichkeit, die uns durch den Text eröffnet wurde.

*Heidemarie:* Die Wehen dieses Prozesses bei mir hat vor allem Herta mitbekommen. Es dauerte lange, bis ich eine Form gefunden habe, um den Druck, den ich spürte, zu einem Ausdruck zu bringen. Das war aber auch wichtig in der Zusammenarbeit von uns dreien, daß wir uns erlaubt haben, unsere eigene Form zu finden für das, was uns bewegt. Sei es die Prosaform oder meine Halbpoesie. Das Theologische und das Psychologische waren bei mir immer stark vermengt. Wenn sich in mir etwas bewegt und ich merke, daß etwas Neues heranreift, kann ich nicht unterscheiden, was von der Theologie und was von der Psychologie ausgeht. Entscheidend ist dann der Entschluß, es zuzulassen und aufzubrechen. Dann geht man ein Stück, wenn man Glück hat, nicht allein, sondern zusammen wie in der Auszugsgeschichte, oft aber auch allein, und es geht ganz gut – bis dann ein Punkt kommt, wo es gefährlich wird und wo es plötzlich nicht mehr weitergeht in die neue Richtung. Das ist dann ein Krisenpunkt wie der vorm Schilfmeer, und der war uns drei Frauen ja auch ganz wichtig.

*Elisabeth:* Matriarchat, das muß man immer wieder sagen, auch in der Öffentlichkeit, ist ja nicht einfach, daß nun der starke Vater durch eine starke Mutter ersetzt wird, sondern Matriarchat ist, wie der alte Bachofen, dieser Patrizier, der es zuerst erforscht hat, sagte, eine brüderliche Kultur, wir würden heute sagen, eine geschwisterliche. Das heißt, es ist wirklich eine neue Gemeinschaftsform, die wir verloren haben in unserer ganzen abendländischen Kulturgeschichte.

*Herta:* Ich denke da noch einmal an den politischen Zusammenhang, an die Befreiungsbewegungen. Gerade in den Befreiungsbewegungen ist der Gruppe der Frauen oft erst deutlich geworden, daß sie selbst auch innerhalb dieser Bewegungen immer noch die Unterdrückten waren. Oft war eine Frauenbewegung ein Nebeneffekt der Befreiungsbewegung, wenn ich etwa an die Bürgerrechtsbewegung in den Vereinigten Staaten denke, die Civil Right Movements, wo die Frauen fragten: Wo sind wir eigentlich innerhalb dieser Bewegung? Die Frage, wie wir diesen Text für Frauen umsetzen, war für mich darum direkt verbunden mit dem, was Elisabeth vom Theologischen und Heidemarie vom Psychologischen her sagte.

*Elisabeth:* Unsere verschiedenen Positionen wurden uns im Gespräch jeweils viel deutlicher, gerade weil jede von uns den Akzent anders setzte.

*Herta:* Wenn Heide sagt, es war eine ungeheure Entscheidung, aufzubrechen, würde ich für mich sagen: Es kann sein, daß ich ein ganzes Stück mitmarschiert bin, ohne sehr bewußt aufzubrechen. Plötzlich finde ich mich unterwegs und sehe mich um: Wo bin ich eigentlich gelandet? Dann ist die Frage: Wie reagiere ich jetzt, wenn ich plötzlich feststelle, da ist einiges in meinem Leben passiert, ohne daß ich das immer unter solchen Gesichtspunkten wie Entscheidung und Aufbruch reflektiert hätte. Wenn ich das nun im Blick auf mein Leben zurück mir bewußt mache, entsteht die Frage, was ich mit dieser plötzlichen Einsicht tue.

*Heidemarie:* Elisabeth sagte schon am Anfang: Ob wir es wollten oder nicht, wir sind anders geworden, wir sind nicht mehr wie unsere Mütter. Und wenn ich meine eigene Mutter ansehe, sie ist in den letzten Jahren auch sehr anders geworden, ob bewußt oder nicht. Wir sind von der allgemeinen Bewegung einfach mitgenommen worden. Ich sprach in der Bibelarbeit von dem Ägypten, wo sie unsere Lebenspole zerbrachen. Es geht heute darum, ganzheitlich zu sein, gemeinschaftlich, nicht nur dem Mann die eine Rolle zuzugestehen und der Frau die andere, sondern ein ganzheitlicher Mann oder ein ganzheitlicher Mensch zu sein wie Jesus. Von daher fügen sich Psychologie und Theologie zusammen.

## Das Wasser und der trockene Jahwe

*Elisabeth:* Wir kamen auch an einen Punkt, wo für mich theologisch etwas völlig Neues kam, eine neue Perspektive für das Meer, das Wasser. Jahwe, so haben wir gelernt, war ein Wüstengott. Er brach vom Sinai auf, das ist ein alter Vulkan. Der Zug seines Volkes geht dann durch die Wüste in das Gelobte Land, wo Milch und Honig fließen. Aber Jahwe ist ein trockener Gott. Was hat nun das Wasser mit ihm zu tun? Für mich war von früher her eine lebendige Vorstellung, daß Wasser angst macht, verschlingt, tötet. Wasser ist etwas, das mich nicht leben läßt. Und dann kam Heidemarie und sagte, Wasser ist etwas, das erneuert. Da hatten wir einen echten Konflikt, vielleicht den einzigen – schönen – Konflikt. Da haben wir gestritten, ich von meiner, Heidemarie von ihrer Position her. Heidemarie war nicht so theologisch vorprogrammiert wie ich. In unserem Gespräch habe ich dann gemerkt, daß ich Wasser bisher immer als etwas verstanden hatte, das männlich, vernichtend, zerstörend war. Ich hatte nie gesehen, daß Wasser etwas Belebendes ist, Wasser ist ja Symbol für Frau. Diese Dimension war mir nicht bewußt, und dann ging mir auch auf, daß wir aus diesem trockenen Jahwe, dem Wüstengott, ja auch einen Wassergott machen können. Vielleicht ist der Wüstengott nur eine Seite Jahwes, und der Gott, der Wasser ist, der erneuert. So wie Jesus, der getauft wird und durch den wir selbst in der Taufe die Freiheit bekommen, ein neues Leben anzufangen. Dadurch wurden mir auch neue Seiten des alttestamentlichen Jahwe bewußt. Unter seinen Gesetzen konnten Frauen sich nicht so recht entfalten. Die Frau war im Alten Testament bewegliche Habe. Aber Jahwe wurde für mich doch nun auch durchsichtig für den Vater Jesu, der anders ist als der israelitische Jahwe, der sozusagen etwas vom Wasser hat, das reinigt und neues Leben gibt.

*Heidemarie:* Das Wasser hat mich schon immer fasziniert. Ich fühle mich am Wasser zu Hause und habe eine intensive Beziehung zu ihm. Und als ich die Geschichte vom Schilfmeer betrachtete, mir in der Phantasie vorstellte, wie es sich öffnet, hatte ich ein Bild vor Augen, das ich erst allmählich mir und dann euch im Gespräch gestand. Wir haben ja Bilder vom Auszug vor Augen gehabt aus dem Kinofilm »Die Zehn Gebote«, mit Burt Lancaster als Mose voran, mit diesen riesigen Wagen. Szenen, wie das Wasser sich teilt und an beiden Seiten hochsteht wie eine riesige Mauer. Als ich mich getrennt hatte von diesen Kinobildern und mir selbst vorstellte, wie Wasser ist, das sich öffnet, durch das sie hindurchziehen, da kam mir das Wasser sehr weiblich vor, ja geradezu körperlich-weiblich. So ist es, wenn ich mich als Frau öffne, einem Mann; so ist es, wenn sich eine Frau öffnet in einer Geburt. Zunächst habe ich mich ein bißchen geschämt, daß mir diese Bilder kamen, weil Sexualität tabuisiert ist, besonders in Verbindung mit Religion. Da gibt es eine Scheu, die ich auch ernst nehme. Aber ich kam nicht los von diesen Bildern und habe mich dann damit befaßt, wie andere Kulturen das Wasser verstanden und geschildert haben, gerade auch die Kulturen im Umfeld des Alten Testaments. Und siehe da, sowohl in babylonischen als auch in ägyptischen Geschichten wird das Meer, das Wasser, beschrieben als das, aus dem alles kommt, aus dem geschaffen, geschöpft wurde. Auch in unserer Schöpfungsgeschichte taucht diese Vorstellung auf: »Der Geist Gottes schwebte über den Urwassern.« Schöpfung geschah, indem dieser Geist die Wasser teilte. In anderen Kulturen wird der Geist als Gottheit gedacht, die sich mit der Erde verbindet, mit ihr zeugt. Symbolisch gesehen ist Schöpfung Zeugung. Auch im Neuen Testament klingt diese Vorstellung an, wenn es bei Johannes heißt: »Wenn jemand nicht aus Wasser und Geist geboren wird, kann er nicht in das Reich Gottes kommen.« Das klingt, als geschähe eine Zeugung zwischen Gottheit und Menschheit, und gleichzeitig ist es ein Geburtsvorgang. Und so ist es auch beim Durchzug durch das Schilfmeer: Es teilt sich, das Volk geht hindurch und wird durch die Kraft des Wassers verwandelt, als werde es neu geboren. Das Tauchen in der Taufe erinnert ebenfalls an die verwandelnde Kraft des Wassers. Was die Israeliten bis dahin gemacht hatten, war ein Aufbruch; was nun geschieht, indem sie weiter in dieser Richtung bleiben, aber mitten durch das Wasser hindurch, ist eine Verwandlung. Und deshalb wagen sie sich tatsächlich weiter auf diesen Weg.

## Ein schöner Streit

*Angelika:* Da entsteht für mich jetzt im Rückblick auf die Bibelarbeit eine Frage. Die drei Israelitinnen stehen vor dem Wasser, die eine will überhaupt nicht weiter, die andere sagt: »Am liebsten würde ich am Ufer entlanglaufen und ausweichen«, und die dritte sagt: »Nein, nein, jetzt müssen wir hier weitergehen.« Was bedeutet das auf dem Hintergrund einer solchen Deutung des Wassers?

*Elisabeth:* Die Positionen dieser drei Frauen waren spontan da, ohne diese Reflexion, schon viel früher. Für mich jedenfalls war meine regressive, zurückdrängende Rolle das erste, das mir einfiel. Und diese Dreierdiskussion, in der jede mitteilte, was sie im Moment dieser Situation vor dem Meer überkam, war gleichsam das Urelement.

*Angelika:* Du wolltest zurück, ganz spontan?

*Elisabeth:* Ich wurde nach der Bibelarbeit in Hamburg in der S-Bahn von einer Frau angesprochen. Sie sagte: »Da haben Sie aber eine ganz schreckliche Rolle gehabt.« Sie dachte, ich hätte diese Rolle zugeteilt bekommen. Aber ich sagte ihr: »Das war gar nicht zugeteilt, das kam sehr spontan aus mir selbst, daß ich plötzlich etwas in mir entdeckte, das Angst hatte vor dem Wasser und vor dem Neuen. Und das alles wollte ich einmal ausdrücken, auch als Stimme vieler Frauen, die ebenso große Angst haben.«

*Heidemarie:* Wir haben drei Stimmen gespielt, ernsthaft gespielt, die in jeder von uns laut werden und miteinander streiten in einer solchen Situation. Sie können so stark sein, daß sie uns gar nicht erst zum Aufbruch kommen lassen, sondern uns abhalten. Diese Stimmen stehen für die Ängste, sich auf Neues einzulassen.

*Elisabeth:* Wir haben so richtig schön gestritten in der Bibelarbeit, mal gar nicht ausgewogen, wir haben unsere Positionen bis zuletzt durchgehalten. Mir hat das großen Spaß gemacht. Ich fand es befreiend, einmal nicht gleich die nächste Meinung akzeptieren zu müssen, sie gleich noch einzubauen. Und ich habe dabei gespürt, was es heißt, seine Ängste einmal richtig rausschreien zu können, selbst in einer solchen doch schon kultivierten Form. Später haben dann einige Teilnehmerinnen gesagt: »Wir haben Angst gehabt, daß ihr euch einigt, daß ihr zu einem gemeinsamen Schluß kommt; und wir waren erleichtert, als wir merkten, daß ihr drei ihr selbst geblieben seid mit euren auseinanderweichenden Positionen.« Das hatten wir aber gar nicht reflektiert, das war eben das spontane Urelement.

*Heidemarie:* Als wir einmal zusammensaßen und jede ihre Ideen zur Aufbruchsituation schon einmal formuliert hatte, haben wir uns darauf geeinigt, ein Tonband anzustellen. Dann nahmen wir uns vor: Jetzt sind wir einmal diese Menschen da am Meer in dieser Situation, jetzt sagen wir einmal direkt, wie es uns ergeht. Als wir das aussprachen, haben wir gemerkt, was für Ängste, was für Wut, welche Gefühle des Eingekessel- und Verfolgtseins da zutage kamen. Bei mir kamen viele Erinnerungen hoch, zum Beispiel an Erzählungen von meinen Eltern über Verfolgungssituationen im Krieg, aber auch Erlebnisse von Ausweglosigkeit, die ich selbst hatte. In diesem Spiel haben wir eigentlich unsere Rollen gefunden.

*Herta:* Dabei erging es mir so – und wahrscheinlich ist das typisch für mich –, daß ich mich im Gespräch mit zwei andern vorfand, die ihre eigene Linie sofort klar hatten. Elisabeth sagte, sie möchte endlich wieder einmal regredieren dürfen, und Heidemarie sagte: »Ich bleibe bei der Verheißung.« Wo sollte ich bleiben zwischen diesen beiden extremen Positionen? Solche Situationen erlebe ich öfter, ich befinde mich irgendwo in der Mitte. Ich konnte ganz gut verstehen, was Elisabeth meinte, aber im Endeffekt würde ich nicht die Konsequenz ziehen, zurückzugehen. ich würde auch nicht wie Heidemarie dabeibleiben, zu sagen: »Ich halte aus, ich halte stille.« Meine Lösung wäre die, wie ich es auch gesagt habe: »Ich werde meine Sache schon selber in die Hand nehmen und dafür sorgen, daß ich hier irgendwie herauskomme.«

*Heidemarie:* Diese Entscheidung von Herta hat mich sehr erschreckt. Sie heißt doch, daß jeder letztlich für sich allein verantwortlich ist. Und das war ja auch Hertas Rat: »Laß doch Elisabeth die weiße Fahne hissen und zurückgehen, und du, Heidemarie, bleib du hier. Jeder muß für sich selber sorgen, und ich gehe, und zwar morgen schon, allein weiter.«

*Herta:* Das ist bei mir auch ein Stück Resignation. Es kommt doch oft vor, daß da eine Bewegung war, und plötzlich, wenn es darauf ankommt, steht man doch alleine da.

*Heidemarie:* Ich war über Herta deshalb so erschrocken, weil ich das in der Frauenbewegung ja auch erlebe, daß an kritischen Punkten eine Spaltung kommt und man nicht mehr weiter zusammen gehen kann.

*Elisabeth:* Gerade darum war Hertas Position so realistisch, und das hat andere Frauen berührt. Es war für mich erstaunlich, daß sie immer wieder auf diese nicht in eins aufgelösten Positionen zu sprechen kamen und betonten: »Es war sehr gut, daß ihr drei ihr selbst geblieben seid mit euren individuellen Lösungen, das hat uns betroffen gemacht.«

*Heidemarie:* Und doch war das schwer. Einige Frauen meinten, die Durchhalte-Rolle, die ich mir genommen hatte, sei die einfachste gewesen. Das war sie gerade nicht, denn es war schwer mit euch. Du, Elisabeth, hattest eine klare Position, die ich zwar verstehen konnte, aber nicht wollte. Ich habe mich dir gegenüber sehr kämpferisch erlebt, und ich war auch sehr traurig, weil ich dich nicht habe herüberziehen können in meine Richtung.

*Herta:* Für mich war Heidemarie streckenweise wie jemand, der eine Ideologie verteidigt.

*Heidemarie:* Das hast du ja auch so gesagt, es sei eine Gemeinschaftsideologie, dazubleiben. Aber ich habe einfach gespürt – und da war ich mit dem Text auch schon sehr identifiziert –, hier geht es nicht nur um eine einzelne Frau, hier ist ein ganzes Volk gemeint. Eine ganze Gruppe steht im Prozeß des Freiwerdens und soll nicht wieder zurückgehen und sich nicht wieder versklaven lassen oder – wenn eine Gefahr droht – sich auflösen, so daß jeder für sich eine Individuallösung suchen muß.

*Herta:* Wie gesagt, in die Sklaverei wäre ich nicht zurückgegangen. Ich habe es im Gespräch beim Kirchentag nicht mehr so gesagt, aber in meinem ursprünglichen Konzept stand sogar die harte Aussage: »Bevor das geschieht, bringe ich mich um.«

*Elisabeth:* Wir sind in einer Kirche, die manchmal progressiv ist, wir haben viele progressive Theologen. Aber nie werden die Ängste der Frauen und ihre Aufbruchversuche ernst genommen. Mit dem, was ich gesagt habe, fand ich mich in Übereinstimmung gerade auch mit progressiv denkenden Theologen, die trotzdem sagen: »Frauen sollen schön Ruhe halten, sollen still sein und die anderen machen lassen.« Mir ist gerade angesichts dieser Situation die Diskrepanz in unserer Kirche und auch in der Theologie deutlich geworden. An keiner Stelle wird konsequent durchdacht, was Aufbruch für Frauen bedeutet, für ihre Psyche und in der gesellschaftlichen Rolle, die sie auszufüllen haben.

*Herta:* Was Elisabeth sagt, wurde mir durch meine eigene Aussage bewußt. Als ich spontan sagte: »Dann schaffe ich mich lieber selber aus der Welt, ehe ich mich wieder zurückholen lasse«, bin ich selbst über mich erschrocken. Denn das ist natürlich die Situation von vielen Frauen. Dann geht man eben in eine Krankheit. Und die Männerwelt urteilt: »Frauen – das verrückte Geschlecht.«

*Elisabeth:* Oder, wie einer in Hamburg sagte, als Reaktion auf unsere Bibelarbeit: »Gott sei Dank, es war keine feministische Hysterie oder hysterischer Feminismus in der Bibelarbeit.«

(Das bemerkte erleichtert einer der drei Präsidenten des Kirchentages.) Da dachte ich, das ist ein sehr deutlicher Kommentar zu dem, was wir gemacht haben.

## Wagnis mit dem Text

*Angelika:* Wie habt ihr denn, nachdem die drei Positionen vor dem Meer so auseinandergingen, eine Lösung dafür gefunden, wie die Geschichte weitergehen kann? Eigentlich war sie ja festgefahren, weil eine weiter wollte, die andere zurück und die dritte allein etwas unternehmen.

*Herta:* Die Lösung für das Weitergehen war der Entschluß, gemeinsam mit den vielen Menschen auf dem Kirchentag auszuprobieren, ob es möglich ist, miteinander stille zu sein, und was das dann bedeutet. Ohne von vornherein zu meinen, das muß gutgehen, sondern indem wir dem Text folgten. Wir wagten es, uns auf diesen Vers einzulassen, auf die Anweisung: »Haltet aus! Haltet stand!«, die mitten in diese zerstrittene Situation hinein gesprochen wird.

*Heidemarie:* Dieser Anweisung ging noch etwas voraus. Es heißt: »In ihrer Angst schrien sie zu Gott.« Das haben wir drei gemacht mit unserem Streitgespräch. Jede hat ihre Angst herausgeschrien.

*Elisabeth:* Die Angst herausschreien ist ja ein Schritt nach vorn. Selbst das, was ich sagte mit meiner Regression, war ja kein Rückschritt. Ich habe mich damit selbst befreit von Ängsten, einfach, indem ich sie aussprach. So regressiv es klang, es war progressiv.

*Heidemarie:* Es ist, als müßte die Phase des Schreiens erst kommen, bevor man weitergehen kann. Das Zulassen der Gefühle, die jetzt da sind, und die Ehrlichkeit, sie auszusprechen. Vielleicht ist es sogar so, daß wir nicht nur Angst haben dürfen, sondern Angst haben müssen, damit sie als eine lebendige Kraft sich dann auch wirklich wandeln kann. Denn das war es ja, was am Schilfmeer dann passierte. Aber Angst wandelt sich nicht, indem man sie wegdrückt und sagt: »Komm, es geht schon.«

*Angelika:* In der Kirche wird oft gesagt: »Fürchtet euch nicht«, und das klingt fast schon wie ein Verbot: »Du darfst keine Angst mehr haben.« Hat sich dieser Gedanke, wie wichtig Angst sein kann, aus der Erfahrung eurer unterschiedlichen Meinungen ergeben?

*Elisabeth:* Ja, wenn wir nur verdrängen, gehen wir zurück. Wenn wir aber aussprechen, was in uns ist, und wenn auch in der Kirche mehr Mut dazu gemacht würde, gerade auch den Frauen, dann könnten wir vorangehen. Das wurde uns durch diesen Prozeß deutlich. Wir brauchten dann gar keinen großen Sprung zu machen, um zusammen zu sein, wir waren zusammen.

*Herta:* Ich fand es trotzdem ein Wagnis, mit diesen widersprüchlichen Positionen in die Stille-Situation zu gehen.

*Heidemarie:* Das war auch ein Wagnis, aber es war der Text, der es möglich machte, diese Anweisung, trotz der Angst stehenzubleiben, ihr standzuhalten und in dieser Angst stille zu werden. Und was mich fasziniert an dieser Stelle, ist: Es geht nicht um das klassische frauliche Stillesein und Zurückweichen, um ein stummes Aushalten und Erdulden, sondern um die Anweisung, in einer solchen Panik sich aktiv der Stille zu öffnen. Um dies ganz deutlich zu machen, haben wir diese Textstelle leiblich erfahrbar gemacht zusammen mit den vielen Menschen in der Halle. Angst heißt Enge, Angst verengt uns selbst, schnürt uns die Kehle zu, läßt uns stocken, treibt in die Panik, so daß wir nicht mehr denken und nicht mehr handeln können, sondern klein und stumm werden. Was muß geschehen, damit diese Enge sich weitet und eine neue Kraft erfahren werden kann? Schon das Schreien ist eine Weitung; das andere ist, still werden, durchatmen und spüren, wir sind durch den Atem angeschlossen an das Leben, das uns umgibt und aus dem wir sind, und an die anderen Menschen.

## Leibliche Erfahrung

*Angelika:* Wann ist euch das eingefallen, diese Körperübung zu machen? In einer Bibelarbeit ist so etwas doch etwas Neues, noch Fremdes, tatsächlich aber war es in diesem Zusammenhang auf einmal ganz organisch und auch wichtig.

*Elisabeth:* Es ergab sich einfach aus dem Text. Was heißt Stillesein für Frauen, wenn es nicht heißt, den Mund halten? Es heißt, sich fallenlassen, ganz tief, in den Urgrund des Daseins. Wir haben unsere eigene Erfahrung mit dem Text mit den anderen zusammen ausprobiert.

*Heidemarie:* Für mich kam die Idee durch die Beschäftigung mit dem Wasser. Ich habe entdeckt, daß das, was mit dem Wasser passiert, vorher mit den Menschen passiert und möglicherweise die Beschreibung, wie die Wasser sich teilten, ein Spiegelbild ist für einen Vorgang in den Menschen, und umgekehrt. In dem Moment, in dem ich mich der Stille öffne und mich wieder anschließen lasse an den Atem, bin ich nicht mehr starr und verfestigt, sondern werde wieder fließend. Ich behalte Kontakt mit der Erde, aber ich kann mich wieder frei bewegen, die Enge ist verschwunden, es öffnet sich etwas in mir – ähnlich, wie die Wasser sich geöffnet haben. Es ist ein Bild für das Wieder-angeschlossen-Sein an den Rhythmus der Natur.

*Herta:* Wir waren uns von Anfang an einig, daß wir es wagen wollten, in der Bibelarbeit etwas von dem umzusetzen, was man mit dem Schlagwort Ganzheitlichkeit meint. Also nicht nur den Kopf anstrengen, sondern den ganzen Menschen ansprechen. Wir hatten den Wunsch, in irgendeiner Form den Körper mit einzubeziehen, wenn das vom Text her möglich ist.

*Heidemarie:* Feministische Theologie ist überhaupt Erfahrungstheologie. Es ist etwas anderes, ob ich selbst erfahre, vom Boden getragen und mit der Erde verwurzelt zu sein, aufgerichtet zu stehen, zu atmen und zu erleben, fließend zu sein und daher beweglich, oder ob ich davon nur höre oder lese.

*Elisabeth:* Es ist nun schon Tradition bei der feministischen Interpretation biblischer Geschichten, daß man die Sinne beteiligt. Die Heilung der gekrümmten Frau, ein Lieblingstext der Frauen, läßt sich nachspüren, selbst für Männer. Die Wiederentdeckung der Sinne und die Wiederentdeckung der Bibel durch Frauen gehören zusammen. Es ist noch eine junge Tradition, aber schon Tradition zu nennen.

*Heidemarie:* Unsere deutsche Sprache ist voller Körpersymbolik. Wenn es heißt standzuhalten, dann ist da das Stehen und das Halten drin, auf den Füßen stehen und mit den Händen Halt haben. Viele Ausdrücke weisen darauf hin, daß sie nicht im Denken allein, sondern im Handeln ihre Wurzel haben. Selbst die Trennung zwischen Mann und Frau wird in unserer Kultur durch Körpersymbolik ausgedrückt. Der Mann wurde zum Haupt gemacht, zum Kopf, zum Geist, er ist Geistesarbeiter und gilt als der eigentliche Mensch. Die Frau, die Bauch ist und Körper, gilt irgendwie als Anhängsel, und beide sind nicht miteinander verbunden. Wir schimpfen uns verkopft und klagen darüber, weil wir wissen, daß uns etwas fehlt. Es geht nur so, daß wir uns wieder anschließen und verbinden lassen. Es war darum ganz organisch, daß wir die Körperübung mit aufgenommen haben.

Im Zusammenhang mit dem Wasser ist mir auch eingefallen, daß es geradezu das Bild für den Gegensatz zum ägyptischen System ist. Ägypten ist gleichbedeutend mit Vorratskammern, mit Denkmälern, mit Versklavung und Gefangenschaft, also einem festen System. Das Wasser und sein Sich-Öffnen ist das genaue Gegenteil dazu. Im Wasser kommt etwas in Fluß, da ist Bewegung – und das ist die Befreiung aus dem starren System.

*Herta:* Wie das in so einer großen Halle wirklich sein würde mit einer solchen Meditation, das haben wir uns natürlich gefragt. Aber als unser Gespräch abgeschlossen war, als die Geschichte für uns stimmig war, sagten wir uns: Wenn wir in uns sicher sind, dann muß das auch überkommen, und die Menschen werden auch bereit sein, mit uns diesen Weg mitzugehen.

*Angelika:* War der dritte Teil der Bibelarbeit für euch dann eine Art von Lösung für die ganze Geschichte?

*Elisabeth:* Die toten Ägypter haben uns einige Mühe gemacht.

*Herta:* Der Untergang der Ägypter war in der Frauengruppe, die ganz am Anfang mit uns an diesem Text gearbeitet hat, ein ganz heißes Eisen. »Wir können nicht ausziehen und nicht weitergehen, wenn da Menschen umkommen«, hieß es. Oder: »Wenn Gott so ist, daß er Menschen umkommen läßt, wollen wir nicht mitgehen.« Das waren harte Fragen für uns. Die Aussage, die wir in der Bibelarbeit gemacht haben, ist noch immer hart, aber für mich stimmt sie. Ich habe an dieser Geschichte gelernt: Wenn ich nur aufbreche, um andere festzuhalten, und nicht aufbreche, weil ich auf ein Ziel zu gerufen bin, dann gibt es tatsächlich die Möglichkeit, daß ich dabei umkomme.

*Heidemarie:* Und es gilt andersherum auch: Wenn ich aufbreche und etwas verlasse, dann lasse ich wirklich etwas hinter mir, und das stirbt auch hinter mir. Es kann sein, daß das unwahrscheinlich weh tut, das muß ich dann tragen, wenn ich nach vorne gehen will, dieses Wissen, daß Vergangenes tatsächlich weg ist. In diesem Werkstattgespräch fragten viele Frauen aber zuerst: »Was ist dann mit den anderen, wenn ich aufbreche, müssen die anderen nicht auch mit, muß ich nicht auch für sie sorgen?« Und deshalb möchten viele nicht ausziehen. Was ist, wenn ich losgehe, und die anderen kommen nicht mit? Im Verlauf der Arbeit an diesem Text habe ich es immer mehr als Befreiung erlebt, daß das Vergangene stirbt – wie im Wasser der Taufe. Ich kann nach vorne gehen und werde auf diesem Weg auch erlöst vom Vergangenen.

*Herta:* Auf dieser Ebene verstanden, geht es nicht darum, daß einzelne Menschen, ägyptische Kriegsleute, umkommen, sondern meine Roß-und-Reiter-Vergangenheit bleibt im Meer zurück. Von den Frauen her interpretiert, kann das heißen, daß vielleicht manches von dem wieder möglich wird, was an matriarchalen Erinnerungsspuren da ist, wenn wir auf dem eingeschlagenen Weg weitergehen. Streitmächte und alles, was ihnen ähnlich ist, werden vielleicht einmal überflüssig, wenn eine neue Fraulichkeit oder besser Menschlichkeit erstrebt wird.

*Elisabeth:* Wir haben den Untergang von Roß und Reiter für Frauen ausgelegt als Untergang des Männlichkeitswahns, der ja nicht nur von Männern und für Männer gepflegt wird, sondern auch tief in Frauen steckt. Er steckt in Frauen, die ihre Männer anbeten oder die selbst einen übersteigerten Ehrgeiz haben, so ein Leistungsdenken und Machtdenken. Das ist ja in jedem Menschen, und der Untergang von Roß und Reiter bedeutet, daß dieser Männlichkeitswahn, dieses Imponiergehabe, sterben kann. Das ist auch eine christologische Aussage: »Das Alte ist vergangen, siehe, es ist alles neu geworden.« Oder in ganz orthodoxer Sprache: Der alte Adam stirbt, die neue Menschin steht auf. Ich glaube, wir können sagen, daß wir von der Situation von Frauen und in der Sprache von Frauen auch wirklich theologisch etwas Neues gesagt haben. Wir haben es neu konkretisiert, was Sünde ist. Und das ist wohl auch angekommen, nicht nur in der Frauenszene oder in der Psychoszene. Wir haben beim Namen genannt, daß Sünde heute das ist, was Menschen voneinander trennt: das Machtstreben, der Männlichkeitswahn, der Zwang, sich zu behaupten – alles, was die Menschlichkeit, zu der wir im Grunde angelegt sind, stört und hindert. In unserer Kirchentags-Bibelarbeit, so wurde uns gesagt, seien wir so christologisch nicht geworden. Aber ich glaube, auch wenn wir es so deutlich nicht ausgesprochen haben, sind wir doch sehr christologisch gewesen.

*Angelika:* War das ein Ziel der Bibelarbeit, den christologischen Zusammenhang deutlich zu machen?

*Elisabeth:* Mit einem solchen Ziel sind wir nicht angetreten, aber wir sind dahin gekommen.

*Heidemarie:* Die Weise, wie wir gearbeitet haben, war ganz anders. Es war nicht so, als ob wir auf ein Ziel hingearbeitet hätten, sondern der Weg war das Ziel. Die ganze Zeit hat uns der Text geführt, und dieser Weg war das Ziel.

*Herta:* Manchmal war uns gar nicht klar, wie die Stücke eigentlich zusammenpassen, an denen jede zu Hause allein gearbeitet hat. Aber wenn wir dann zusammenkamen, wurde wieder deutlich, daß der Fortgang der Geschichte, wie der Text sie schildert, eindeutig die Richtung angab. Es war im voraus nicht auszudenken, wohin es geht, aber wenn man dem Text nachging, kam man an die entscheidenden Stellen.

*Heidemarie:* Der Text selber sagt: Der Weg ist das Ziel, die Heilsgeschichte sagt: Der Weg des Volkes Gottes ist schon das Entscheidende, das kommt nicht erst, wenn man irgendwann einmal irgendwo angekommen ist. So haben wir auch gearbeitet, und gerade nicht nach der klassischen Weise, die zuerst fragt, wo das Ganze hinführen soll.

*Elisabeth:* Wir sind von uns ausgegangen, von unserer Erfahrung als Frauen, und haben an diesem Text unsere Erfahrungen immer wieder lebendig werden lassen. Und wir gelangten dorthin, wo die Befreiung durch Jesus, im Text die Befreiung Israels durch Jahwe, erfahren wird.

*Heidemarie:* Diese Befreiung ist zugleich von Anfang an schon mit im Spiel. Das hängt damit zusammen, daß es zwei Gottesbilder gibt: einen Gegenüber-Gott und einen In-uns-Gott. Ich könnte auch sagen: einen trockenen Gott und einen Wasser-Gott oder einen linearen Gott und einen, der im Kreis geht, also ein Mutter-Gott. Auch Christus ist zugleich in uns und außer uns. Ebenso ist der Weg, auch wenn er eine Spirale beschreibt, zugleich das Ziel.

*Elisabeth:* Auf dem Weg darf man keine Angst vor Häresien haben oder davor, Mißverständnisse zu wecken, sondern man braucht Mut auch zu ungewöhnlichen Formen und Aussagen.

*Angelika:* Um im Bilde zu bleiben: Ihr habt Mirjam auf den Weg geschickt, sie in diese Geschichte mit hineingenommen, obwohl sie darin zunächst nicht vorkommt, und seid ein Stück weit mit ihr gegangen.

*Elisabeth:* Wir waren Mirjam.

*Heidemarie:* Wir sind Mirjams. Mitten auf dem Weg haben wir diese Gestalt entdeckt und können uns in ihr finden.

*Elisabeth:* Sie hat uns an die Hand genommen, wir haben ihre Hand ergriffen, und dann sind wir einfach losgegangen.

*Heidemarie:* Das Ganze ist nämlich ein Tanz. Am Schluß tanzt Mirjam, haut auf die Pauke und singt: »Singt dem Herrn, denn hoch erhaben ist er, Roß und Reiter warf er ins Meer.« Der Tanz entspricht auch viel mehr der Weise, wie wir bei unserer Arbeit gegangen sind, als ein lineares Denken. So hat sich auch immer wieder eines ins andere gefügt, und was wir gemacht haben, ist recht wasserig – im Unterschied zu verwässert.

*Elisabeth:* Wir beschrieben bei der Arbeit immer Spiralen. Wir gingen im Kreis, öffneten uns wieder nach außen, gingen wieder im Kreis – eine merkwürdige, aber faszinierende Art des Zusammenarbeitens. Sie brauchte viel Zeit, und man mußte sich Zeit lassen. Man konnte nie sagen, also jetzt in dieser Stunde wird die Bibelarbeit fertig, sondern sie wuchs.

*Heidemarie:* Das ist auch ein weibliches Prinzip, daß sie gewachsen ist, und wir sind auch an ihr gewachsen. Es war wie eine Geburt.

*Angelika:* Hattet ihr nie die Befürchtung, daß ihr dem Text etwas überstülpt, was nicht drin ist?

*Elisabeth:* Zwischendurch hatte ich manchmal die Sorge, wir entfernten uns vom Text. Aber ich hatte davor keine Angst. Wir kamen doch sehr intensiv in den Text hinein und damit auch neu wieder in die Bibel. Und ich hatte beim Umgang mit biblischen Texten schon vorher Mut bekommen, mich auch vom Text zu befreien und meine Phantasie zu entdecken. Der Heilige Geist und die Lehre vom Wirken des Heiligen Geistes ermutigt ja auch dazu. Trotzdem kamen wir wie von selbst immer zum Text zurück und zu seiner zentralen Aussage, der Befreiung. Der Weg nach außen führte doch immer zum inneren Zentrum.

*Herta:* Ich hatte manchmal eher Angst, daß wir vieles von dem, was uns wichtig war, in die Bibelarbeit nicht hineinbringen könnten. Denn es war für mich ein großes Erlebnis, wieviel Stoff und wie viele anrührende Themen ein einziges Kapitel der Bibel enthält.

*Heidemarie:* Zweifel, daß wir dem Text etwas überstülpten, habe ich nie gehabt, denn nach meinem Empfinden gingen wir nur immer weiter hinein in den Text, und seine verschiedenen Bedeutungsebenen eröffneten sich uns wie einem Taucher. Daß einem Text etwas übergestülpt wird, habe ich leider in der Kirche manchmal erlebt. Da ist auch mir schon manches übergestülpt worden, und ich habe mich dann wie unter einer Glasglocke eingesperrt erlebt.


**Die Wirkung**

*Angelika:* Die Arbeit an dem Text war für euch offenbar das wesentliche Erlebnis. Wie hat sich dann dazu gefügt, dies alles beim Kirchentag sozusagen vorzuführen?

*Herta:* Der Kirchentag war noch einmal eine ganz neue Erfahrung. Als wir den fertigen Text abgegeben hatten, war unser erster Gedanke: Jetzt brauchten wir die Bibelarbeit von uns aus gar nicht mehr zu halten. Es genügte uns, daß wir uns den Text erschlossen hatten. Es war noch einmal ein ganz neuer Schritt, das alles freizugeben und von dem, was uns bewegt hatte, etwas weiterzugeben an die anderen.

*Heidemarie:* Ein Vorführen war es gerade nicht. Wir haben uns darauf eingelassen, daß mit dem Kirchentag etwas Neues kommt. Unsere Texte und die ganze Form waren auch offen für die Schwingungen, die in der Halle waren; wir konnten aufnehmen, was von dort kam. Von daher war es ein Miterleben und kein Vorführen.

*Angelika:* Habt ihr neben den vielen überwältigend positiven Reaktionen auch negative gehört?

*Herta:* In einer der Gesprächspausen während der Bibelarbeit kam ein Mann aufs Podium und beschwerte sich darüber, daß nicht schon in den ersten zehn Minuten alle exegetischen Erkenntnisse mitgeteilt wurden und daß wir von Sexualität gesprochen hatten. Davon abgesehen, habe ich während der Bibelarbeit, schon in der ersten Gesprächsphase, nur viele positive Rückmeldungen bekommen. Frauen kamen aufs Podium, umarmten uns und sagten: »Macht weiter so.« So wie die Menschen auf dem Kirchentag mitgingen, war schon deutlich, daß da viel in Bewegung kam. Positive Aussagen nach dem Kirchentag haben das bestätigt. Ich hatte am Schluß ein Gefühl der Dankbarkeit gegenüber den Menschen, die da waren, und gegenüber Gott, der so etwas ermöglicht. Ich hatte kaum die Vorstellung, daß wir da etwas geboten hatten. Am Abend vorher bei der Probe in der großen Halle hatten mir noch die Knie geschlottert, aber am Morgen konnte ich dann mit einem Gebet aus dem Zimmer in die Halle gehen und wußte: Es geht.

*Heidemarie:* Die ganze Geschichte vom Auszug des Volkes ist in der Halle einfach noch einmal passiert. Viele Frauen, Freundinnen, Bekannte, Schwestern, haben uns mit ihrer positiven Energie, mit ihren Gedanken mitgetragen. Andere gingen ziemlich schnell in diesen Aufbruch mit hinein, und wenn ich von der Menge einmal als Masse reden darf, war sie wie eine bewegte Wassermasse. Da hat sich sehr viel geöffnet, in den Gedanken, im Herzen, in der Weise, wie sie sich der Nachbarin geöffnet haben im Gespräch und in der Stille. Die Schwingung, die in der Halle war, war wie ein Durchzug, ein Durchbruch, ein Sich-Einlassen auf einen neuen Weg.

*Elisabeth:* Und das ist weitergegangen so den ganzen Tag durch bis zum Abend.

*Heidemarie:* »Wir sind ausgezogen« – das war wie ein Grundthema bei allen weiteren Gesprächen. Und immer wieder kamen die Stichworte: Was wir verlassen haben – wo wir hingehen – wo wir in der Wüste gerade sind – wie schwer die Schritte sind – wie sehr wir eine Schwester brauchen – wie gut, daß es da manchmal auch einen Bruder gibt – was heißt »Schutz Gottes« – was bedeutet die Feuersäule – wo entdecke ich ein Licht am Weg, wenn es kalt ist, um mich zu wärmen – wo entdecke ich den Wegweiser am Tag in der Hitze – was kühlt und erfrischt in der Wüste – wo entdecke ich an meiner Nachbarin ein Leuchten, und wo entdecke ich es bei Vorbildern oder in der Situation selbst – was heißt, nicht mehr weiterwissen, in einer Krise sein und dann doch einen Weg zu finden – was heißt durchkommen und nicht versinken? Alle diese Bilder aus der Bibelarbeit wurden in den Gesprächen immer wieder aufgenommen.

*Elisabeth:* Viele christliche Frauen denken, der Auszug in die Freiheit sei etwas Rücksichtsloses, er mache zwar frei, aber Freiheit sei auch etwas Beängstigendes. Nun wurde auch deutlich, daß Freiheit etwas Mühsames ist, und – so widersprüchlich das klingt – es wurde beglückend deutlich. Die zentralen christlichen Aussagen von Erlösung, Befreiung und Versöhnung werden oft nur wie Schlagwörter gebraucht, und dabei werden die psychischen Vorgänge, die Frauen erleiden, und die einzelnen Schritte, die dabei erlebt werden, vergessen oder zugedeckt oder für nebensächlich gehalten. Am Beispiel einer solchen Geschichte können Frauen miterleben, was in den Aussagen gemeint ist, und erleben dann auch wirklich Erlösung.

*Herta:* Natürlich hat das Frauenforum auch viele Fragen aufgeworfen. Viele sagten: »Nun gehen wir wieder nach Hause, wo finden wir dort Schwestern, mit denen wir zusammen weitergehen können?« Für viele war es ein schwerer Schritt, aus dem Gefühl, hier sind wir miteinander auf dem Weg, wieder zurückzumüssen und zu Hause nach Mitschwestern und Mitbrüdern für ihren Weg suchen zu sollen.

*Elisabeth:* Das ist auch Realität, daß wir einsam bleiben, so wie in unserer Dreierdiskussion. Es ist die Wirklichkeit auf dem Weg zur Freiheit.

*Herta:* Es gibt auch eine Hoffnung. Das Volk Israel hat sein Glaubensbekenntnis immer aus dem Rückblick auf die Geschichte bezogen. Die Frauen, für die der Kirchentag das Erlebnis eines Aufbruchs war, können im Rückblick darauf diesen Aufbruch mit ihrer gegenwärtigen Situation zu Hause verbinden. Vielleicht gibt ihnen das den Mut zum Weitermachen.

# Mit Mirjam durch das Schilfmeer

Bibelarbeit zu 2. Mose 14

**Einführung**

*Herta:* Mit unserem schwäbischen »Grüß Gott« möchte ich Sie heute morgen alle begrüßen, mit dem Wunsch, daß an diesem Tag der Gruß, die Anrede Gottes an uns geschieht.

Die Bibelarbeit heute wollen wir drei mit Ihnen zusammen gestalten.

Zusammengefunden haben wir uns aufgrund unseres Fragens nach Glaube, Theologie und Kirche und wie es uns Frauen damit geht. Seit drei Jahren laden wir einmal im Jahr Frauen zur Werkstatt Feministische Theologie nach Bad Boll ein, um miteinander an solchen Fragen zu arbeiten.

Als wir gefragt wurden, ob wir die Bibelarbeit heute beim Forum der Frauen übernehmen könnten, haben wir spontan ja gesagt, weil wir es gut finden, zu dritt zusammenzuarbeiten und so etwas nicht allein zu tun, weil wir es wichtig finden, als

Frauen den Mut zu haben und über Bibel und Glauben zu reden – erst danach kam die Angst, kamen die Bedenken: die vielen, vielen Menschen, das Podium, der Text, den wir nicht selbst aussuchten – die Geschichte vom Schilfmeer:

## Die Geschichte

*Heidemarie:* Die Geschichte vom Schilfmeer steht im 2. Buch Mose, Kapitel 13 und 14. Sie handelt vom Auszug der Israeliten aus Ägypten.
Im Schutz Gottes, bei Tag in einer Wolkensäule, bei Nacht in einer Feuersäule, werden sie durch die Wüste geführt und ans Meer geleitet. Die Ägypter folgen ihnen mit Streitwagen nach. Das Volk ist eingekesselt zwischen ihnen und dem Meer und schreit zu Gott.
Die Israeliten erhalten die Aufforderung durch Mose, in ihrer Richtung stehenzubleiben und auszuhalten. Der Engel Gottes tritt hinter sie – die Wasser öffnen sich, die Israeliten ziehen durch. Die Wasser schließen sich hinter ihnen.
Die Ägypter ertrinken mit allen Menschen und Wagen.

## Mirjam

*Elisabeth:* Was soll so eine Geschichte auf einem Frauentag? haben wir uns gefragt. Wo kommen wir da vor? Wo ist diese Geschichte unsere Geschichte? Wo betrifft sie uns, unser Leben, unsere Fragen? Aber dann haben wir entdeckt, daß diese Geschichte auch eine Frauengeschichte ist, wie viele Geschichten der Bibel, die wir immer aus einer männlichen Perspektive gelesen und erzählt bekommen haben.
Wir haben Mirjam entdeckt, ganz unscheinbar – scheinbar –, ganz klein und nur am Schluß kurz erwähnt und im offiziellen Kirchentagsbibeltext gar nicht vorkommend. Wie ein Anhängsel an die Militärgeschichte wird von ihr erzählt, daß sie eine Handpauke nahm, alle Frauen hinter ihr herzogen und sie ein Lied sang.

Aber Mirjam ist – genau gesehen – kein Anhängsel. Sie gehört ganz zentral in die Auszugsgeschichte hinein. Sie ist nicht nur Führerin einer Frauengruppe. Sie gehört vermutlich ins Führungsteam selbst. Mehrere Alttestamentler vermuten, daß sie neben Mose und Aaron eine der drei unabhängigen Führer war, die die Israeliten aus Ägypten geführt haben. Erst später, als man es nicht mehr recht verkraften konnte, daß eine Frau eine solche Funktion hatte, machte man sie zu einer Schwester der beiden anderen Führergestalten Mose und Aaron. Der Prophet Micha hat davon noch etwas bewahrt. Er läßt Gott sagen: »Habe ich dich doch aus dem Land Ägypten geführt und dich aus dem Sklavenhause erlöst, habe dir Mose, Aaron und Mirjam als Führer gesandt« (Micha 6,5).

Das kleine Lied, das sie singt, gehört zur ältesten Überlieferung vom Wunder am Schilfmeer. Später entstand dann daraus das Moselied, und später schrieben Männer diese Rettungsgeschichte breit und ausführlich auf. Als später Mirjam dann in eine Familienrolle gedrängt wurde und zur Schwester der bekannten Führer Mose und Aaron gemacht war, hat man in anderen Geschichten immer noch ein Stück ihrer Selbständigkeit, ihrer Unabhängigkeit und ihres Mutes bewahrt: Sie soll in der Nähe gestanden haben, als Mose im Schilf versteckt und von der Königstochter gefunden wurde. Sie hat eine Amme geholt und eigentlich dem Mose, dem Retter Israels, das Leben gerettet. Und sie hat den Mut gehabt, Mose anzugreifen, weil er eine fremde Frau genommen hatte.

Neben Mose hat also einmal eine Frau gestanden – gleichgestellt, gleichberechtigt, mit gleicher Leidenschaft für die Befreiung engagiert.

Und noch etwas wurde uns wichtig: Das Volk Israel bestand nicht nur aus kampfgerüsteten Männern: fünfzig Prozent waren Frauen, und allein ein Drittel davon müssen Kinder gewesen sein. Der Schweizer Kurt Marti hat gefragt: Wie sähe eine israelitische Geschichte aus der Perspektive der nicht waffen- und gottesdienstfähigen Frauen aus?

Wir wollen die Tradition Mirjams wiederentdecken. Wir wollen die Geschichte der israelitischen Frauen nacherleben. Wir

wollen uns mit ihnen identifizieren. Wir wollen eine Männerge-
schichte zu einer Frauengeschichte machen, und wir laden euch
ein, mitzumachen.

*Herta:* Dabei wollen nicht nur wir hier oben reden und handeln,
sondern wir wollen Ihnen immer wieder Raum lassen, um
selbst aktiv zu werden. Bibelarbeit ist Arbeit mit und an der
Bibel und nicht nur Zuhören.
Wir haben noch nie mit so vielen Menschen gemeinsam
gearbeitet, aber lassen Sie es uns miteinander probieren, lassen
Sie sich auf die Impulse mit ein, lassen Sie sich auf den Weg des
Auszugs mitnehmen.

*Musik*

## Wir sind ausgezogen

*Heidemarie:* »Als nun der Pharao das Volk ziehen ließ, führte
sie Gott nicht den Weg nach dem Philisterland – der wäre ja der
nächste gewesen –, denn Gott dachte: Vielleicht könnte es das
Volk gereuen, wenn es Kämpfe vor sich sieht, und sie könnten
nach Ägypten zurückkehren. Sondern Gott ließ das Volk einen
Umweg machen durch die Wüste an das Schilfmeer – und
kampfgerüstet zogen die Israeliten aus dem Lande Ägypten . . . Danach brachen sie von Sukkoth auf und lagerten sich
in Etham am Rande der Wüste.
Der Herr aber zog vor ihnen her, am Tage in einer Wolkensäule, um ihnen den Weg zu zeigen, und des Nachts in einer
Feuersäule, um ihnen zu leuchten, damit sie bei Tag und Nacht
wandern konnten. Nie wich die Wolkensäule am Tage und nie
die Feuersäule bei Nacht von der Spitze des Zugs« (2. Mose
13,17–22).


Ausgezogen aus dem Alltag

*Elisabeth:* Wir sind ausgezogen – ausgezogen aus dem Haus-
frauenalltag, ausgezogen aus dem Berufsalltag, ausgezogen aus

den Familien, weg von den Kindern, und manche werden sich heute morgen schon gefragt haben: Geht's zu Hause denn ohne mich? Wir sind ausgezogen auf einen Kirchentag und haben manches zurückgelassen. Und noch mehr: Wir sind ausgezogen auf einen Frauentag, und viele sind von ihren Männern und Freunden gefragt worden: Was willst du denn auf einem speziellen Frauentag? Wir sind doch alle Brüder!

Wir sind nicht mehr die Frauen, die unsere Mütter und Großmütter waren. Wir sind nicht mehr dieselben, die wir vor zehn Jahren waren. Wir haben erlebt, wie Frauen sich zusammengetan haben in Frauengruppen und Frauenzentren. Wie Frauen auf die Straße gegangen sind und für sich und ihre Rechte demonstriert haben. Wie Frauenhäuser in den Städten wie Pilze aus dem Boden geschossen sind. Ob wir wollten oder nicht – wir sind ausgezogen aus unseren alten Frauenrollen. Und etwas in uns hat sich dabei verändert.

Was wir hinter uns gelassen haben, ist unser Uns-selbst-Vergessen, unsere Selbstverachtung und unser Desinteresse an uns. Wir sind offener geworden: sensibler mit uns, solidarischer mit andern.

Manchen macht dieser Auszug angst. Sie wehren sich dagegen. Sie möchten zurück in die alte Rolle, wo es konfliktfrei und liebewarm schien. Viele Frauen wollten nicht eigentlich ausziehen, aber die Beziehungen, in denen sie lange gelebt haben, zerbrachen.

Manche machen zögernde Schritte. Vieles verunsichert sie noch. Einige reizt das Abenteuer, Neuland zu entdecken. Und es gibt die Ungeduldigen, die schon jenseits aller Strukturen stehen und nicht begreifen können, was denn die andern noch zurückhält.

Ob zögernd, widerwillig, gezwungen, abenteuerlustig – wir alle sind ausgezogen. Wir sind am Rande der Wüste, auf dem Weg in ein neues Land. Wir sind aufeinander angewiesen, und wir haben nur das, was wir mitgenommen haben. Wir leben von unseren Reserven und wollen sie miteinander teilen wie Brot und Wasser, die Zähigkeit der einen und den Witz der andern, die Offenheit der einen und die Depression der andern, das

Geglückte in unserem Leben und das scheinbar Mißlungene, die Bedenken der einen und die Phantasien der anderen. Nachts ist es kalt, am Tag ist es heiß. Nichts ist mehr ausgewogen, gleichmäßig, heil wie früher. Wir sind in der Wüste, im Niemandsland. Aber wir sind zusammen in der Wüste. Wir brauchen uns.

*Musik*

In jeder Generation zieht jede Frau aus Ägypten weg . . .

*Herta:* Ich möchte einen anderen Gedanken des Themas »Wir sind ausgezogen« aufgreifen: »In jeder Generation zieht jede Frau/jeder Mann aus Ägypten weg.« Dieser Satz aus der jüdischen Tradition hat mich sehr beeindruckt, denn ich habe gemerkt, daß ich Fragen hatte an die Art, wie schnell und wie persönlich wir Frauen auf die Geschichte des Auszugs reagieren – und ich habe sehen und hören gelernt, wie Vergangenheit Gegenwart ist, welche Bedeutung diese Geschichte für mich, andere Menschen, Gruppen und Völker hat.
So steht schon 2. Mose 13,8: »An dem Tag des Gedenkens sollst du deinen Kindern erzählen: Das geschieht für das, was der Herr an *mir* getan hat, als *ich* aus Ägypten wegzog.« Und im 5. Buch Mose (6,23) heißt es: »*Uns* aber führte er von dort hinweg, um *uns* das Land zu geben, das er unseren Vorfahren zugeschworen hat.« Also ist es wichtig, die Heilsgeschichte zu kennen und in dem Ausziehen und Wandern die eigene Gegenwart zu sehen und zu verstehen und das Ziel dabei nicht zu vergessen, das heißt: »Gib mein Volk frei, damit sie mir, Gott, dienen« (2. Mose 7,26).
Es gibt zwei Ebenen der Vergegenwärtigung:
– »Als *ich* aus Ägypten wegzog« – ich persönlich bin gemeint.
– »Gib mein *Volk* frei« – die Gemeinschaft, ein Volk ist gemeint. Aber von der Erfahrung der Unfreiheit, der Bedrückung, des Eingeengtwerdens, des »Sich-nicht-verändern-Dürfens« gehen beide aus, und beide suchen nach Befreiung. Südafrikaner, Indios, die Negersklaven in den USA und viele

andere entdecken neu, daß der Auszug, der Aufbruch, die Befreiung aus der Unterdrückung zentrale biblische Themen sind, aus denen sie Mut für ihre Situation und ihren Weg finden. Der Auszug Israels ist das Musterbeispiel der Befreiungsbewegung eines Volkes im Vertrauen auf seinen Gott und im Blick auf das Ziel, das dieser Gott verheißen hat – auch mit allen Schwierigkeiten, die dabei auftreten, wie wir sie auch in unserem Text finden.

Können nicht wir Frauen – gerade auch wir Frauen in der Kirche – an diese biblische Geschichte anknüpfen, unsere Erfahrungen der Bedrängung formulieren, uns im Aufbruch und auf dem Wege stärken – auch wenn wir sehen, daß wir auf anderer Ebene mit unserem Volk als westliche Industrienation eher Ägypten sind?

»In jeder Generation zieht jede Frau aus Ägypten weg.« Es ist nicht so, als ob wir die ersten wären, die aufbrechen – auch Frauen sind schon durch die Jahrhunderte auf dem Weg. Sie wurden nur in der Kirche immer als Töchter und Erbinnen Evas und damit als Urheberinnen allen Unheils angeprangert. Und doch finden wir in der Kirchengeschichte immer wieder Frauen, die neue Ansätze machen, Nonnengemeinschaften, Mystikerinnen, Frauen in Sekten und Abspaltungsbewegungen, Frauen im letzten Jahrhundert und bis heute versuchen in den Schwesternschaften eigene weibliche spirituelle Lebens- und Arbeitsformen zu entwickeln. Wir sollten einmal die Kirchengeschichte der Frau schreiben, um zu verstehen, was es heißt, daß in jeder Generation jede Frau aus Ägypten wegzieht.

Ich bin am Nachdenken, Nachspüren, was es für mich selbst bedeutet: »Ich bin ausgezogen« – ich, Frau, für die es selbstverständlich war, daß Bruder und Vater die gescheiten und wichtigen Personen in der Familie waren. Ich, die ich von klein auf in dieser Kirche dabei bin, als Mitglied und ehren- und hauptamtlich tätig. Ich, die ich in diesem »Ägypten«, in der Bundesrepublik lebe.

Ich habe Ägypten verlassen . . .

*Heidemarie:* Ich habe Ägypten verlassen,
und ich kann nicht sagen,
daß ich leichten Herzens ging –
denn dazu habe ich dort zu lange gelebt und gedient,
und dazu war es zu lang und zu schmerzhaft,
bis ich überhaupt wahrnahm,
daß dies Ägypten für mich die Fremde ist
und daß ich mein eigenes Land
dort nicht finden würde.

Ich habe Ägypten verlassen, die Fremde,
wo sie die Erde vergaßen, den Himmel,
die Kraft des Lebendigen –
wo kein Platz war für Natur und Menschwerdung,
Bewegung und Rhythmus des Lebens –
kein Raum für die Einheit in Körper-Geist-Seelen –
keine Freiheit für das Zusammenfließen
von Weiblichem und Männlichem
in uns und der ganzen Schöpfung.

Ich habe Ägypten verlassen,
wo man die Lebenspole zerbrach
und als gesonderte Elemente
nur je einem Geschlecht zugestand:
dem Mann die Stärke, das Harte,
Vernunft, Angreifen und Ändern –
uns Frauen die Schwäche, das Weiche,
Gefühl, zulassende Stille
– Ägypten, wo man unsere Ganzheit zertrennte
und uns nach Geschlechtern bewertete,
wo man den Mann als Besseren zum Oberhaupt stellte,
ihm die Allmacht gab,
gemäß seinen Eigenschaften als Maß aller Dinge
zu handeln und zu herrschen

– auch über uns Frauen, unseren Bauch, unsere Seele.
Andere Rechte für Frauen und Mädchen, mindere Ausbildung, Arbeit und Zukunft.
– Ägypten, wo sie uns holten, wenn sie uns brauchten,
benutzten und wieder wegstellten,
unsere Dienste einforderten je nachdem:
passiv private Ergänzung oder Alibischmuck in der
Öffentlichkeit,
wo sie uns in den Himmel hoben oder mißachteten.
– Ägypten, wo sie die Rollenaufteilung
zwischen sich und uns
als traditionsbewährt und naturgegeben hinstellten
und Religion und Kirche heranzitierten,
um unsere Untertänigkeit als gottgewollt abzusegnen.

Ich habe lange in Ägypten gedient,
gute Tochter der Sklaven Ägyptens
in meinem fremden Zuhause,
wo ich werden sollte, wie ich nicht bin,
wohl erzogen im Dienst nur am andern:
mit den Augen anderer aufmerksam sehen –
von den Augen ablesen;
mit den Ohren anderer aufmerksam hören –
hörig sein;
einfühlend spüren, was sie möchten und brauchen,
freundlich zurückhaltend dienen,
gelobt, wenn gehorchend,
geliebt, wenn bescheiden,
eingewickelt,
halb Puppe, halb Mumie.
Und ich merkte es nicht,
denn ich kannte es nicht anders
und habe mit Hingabe
ihre Vorstellungen über die Bühne gebracht:
die Stille, die alles anhört,
die Fühlende, die ausgleicht, was draußen verdrängt wird,
die Weiche, die Mut macht zum Durchhalten,

die Schwache, die für den harten Kampf des Lebens stärkt.
Ich habe Hunderte von Jahren
selbst-los, mich selber verachtend, meinen Wert nicht erkannt,
mich immer als zweite,
minder gefühlt
im System unserer Männer und Brüder,
das ich
– zu ihren Füßen –
von unten her stützte und aufrechterhielt.

Und es dauerte lang, bis ich's überhaupt wahrnahm,
auch an dir, meine Schwester,
und es dauerte lang, bis ich *mich* dabei wahrnahm
– auch durch dich, meine Schwester –,
die Stimme meiner Stimmungen,
den Druck meiner Bedrücktheit,
das Wissen meines Gewissens
wahrnahm als *meine* Bewegung,
eigenes Fühlen annahm als meine Gedanken,
mein Atmen ernst nahm als Zeichen vom Selbst
und Anflug von Freiheit.
Nein, nicht länger Ägypten
und auch kein Umbesetzen in Ägypten –
nicht die Umkehrung der Macht ist mein Aufstand,
nein, Umkehren ins Leben ist mein Weg.
Selbst werden und Wüste wagen,
versprochener Weg unseres Gottes zum eigenen Land.
Komm doch mit, meine Schwester,
nimm deine Wünsche mit, schick dein Vertrauen voran,
laß sie uns führen – kühlende Schattenwolke am Tag –,
nimm deinen Glauben mit, schick deine Träume voran,
laß sie uns leuchten – wärmendes Feuerlicht unserer Nacht.
Komm doch mit, meine Schwester –
und mein Bruder.

*Musik*

## Schritte in der Wüste

*Herta:* »Komm doch mit, meine Schwester – komm doch mit, mein Bruder«, so laden wir Sie ein – so haben wohl Mirjam und Mose ihr Volk eingeladen, aufzubrechen.

Sicher haben all diese Gedanken bei Ihnen vieles anklingen und aufbrechen lassen. Wir wollen uns gemeinsam deshalb an dieser Stelle ein wenig Zeit geben, dem nachzudenken und davon mit den Schwestern und Brüdern neben uns teilen. Miteinander auf dem Weg sein heißt einander kennen, sich bekannt machen.

Wir schlagen vor, daß Sie – wenn Sie das wollen – zu kleinen Grüppchen zusammenrücken, sich gegenseitig begrüßen, vielleicht einander die Hände drücken, um der Verbindung Ausdruck zu geben, und einander erzählen, wer Sie sind, von wo Sie ausgezogen sind, welche Schritte Sie in der »Wüste« tun und wohin Ihre Hoffnung geht.

*Plenum und Gruppenarbeit*

*Lied*

Herr, deine Liebe ist wie Gras und Ufer,
wie Wind und Weite und wie ein Zuhaus.
Frei sind wir, da zu wohnen und zu gehen.
Frei sind wir, ja zu sagen oder nein.
Herr, deine Liebe ist wie Gras und Ufer,
wie Wind und Weite und wie ein Zuhaus.

Und dennoch sind da Mauern zwischen Menschen,
und nur durch Gitter sehen wir uns an.
Unser versklavtes Ich ist ein Gefängnis
und ist gebaut aus Steinen unsrer Angst.
Herr, deine Liebe ist wie Gras und Ufer,
wie Wind und Weite und wie ein Zuhaus.

*Textübertragung nach der schwedischen Originalfassung von Anders Frostensson von Ernst Hansen. Aus »Schalom«, Burckhardthaus-Laetare Verlag, Gelnhausen.*

## Am Schilfmeer

*Elisabeth:* Wir wollen mit dem Text weitergehen und hören, was dem Volk widerfährt, und die Bedeutung an dem nachempfundenen Gespräch dreier israelitischer Frauen verdeutlichen.

»Als es dem König von Ägypten angesagt wurde, daß das Volk geflohen war, wurde sein Herz verwandelt und das Herz seiner Großen gegen das Volk, und sie sprachen: Warum haben wir das getan und haben Israel ziehen lassen, so daß sie uns nicht mehr dienen?

Und er spannte seinen Streitwagen an und nahm sein Volk mit sich und nahm sechshundert auserlesene Streitwagen und was sonst an Wagen in Ägypten war mit Kämpfern auf jedem Wagen. Aber die Israeliten waren unter der Macht einer starken Hand ausgezogen.

Und die Ägypter jagten ihnen nach mit Rossen, Wagen und ihren Männern und mit dem ganzen Heer des Pharao bei Pihachiroth vor Baal-Zephon.

Und als der Pharao nahe herankam, hoben die Israeliten ihre Augen auf, und siehe, die Ägypter zogen hinter ihnen her. Und sie fürchteten sich sehr und schrien zu dem Herrn und sprachen zu Mose: Waren nicht Gräber in Ägypten, daß du uns wegführen mußtest, damit wir in der Wüste sterben? Warum hast du uns das angetan, daß du uns aus Ägypten geführt hast? Haben wir's dir nicht schon in Ägypten gesagt: Laß uns in Ruhe, wir wollen den Ägyptern dienen. Es wäre besser für uns, den Ägyptern zu dienen, als in der Wüste zu sterben« (2. Mose 14,5–12).

# Gespräch der drei israelitischen Frauen

*Heidemarie:* Schwester, die Ägypter kommen.

*Herta:* Das kann nicht wahr sein.

*Heidemarie:* Doch, ich hab's eben gehört, ich begreif's auch noch gar nicht. Aber die haben's hinten schon gesehen. Die Ägypter kommen.

*Herta:* Ach, das wird ein Gerücht sein, komm, das ist unmöglich.

*Heidemarie:* Warum konnten die uns nicht einfach loslassen, warum müssen die die Politik der Stärke sogar jetzt noch rauskehren?

*Herta:* Sag mal, bist du so sicher, daß das wahr ist?

*Heidemarie:* Ich kann das nicht begreifen!

*Herta:* Dann hör' aber auf mit dem Gejammer. Dann müssen wir ja packen und los.

*Heidemarie:* Die ganze Zeit habe ich gewußt, daß *die* die eigentlichen Abhängigen sind. Immer habe ich's geahnt, daß die ohne uns nicht können. Und jetzt zeigt es sich.

*Herta:* Du kannst doch jetzt nicht darüber jammern, daß das wahr war oder sonst was, wir müssen hier was tun, wir müssen weg.

*Heidemarie:* Was willst du denn jetzt tun?

*Herta:* Ha, losziehen. Wenn die wirklich hinter uns sind, ist es wirklich unmöglich, hier zu sitzen und zu lamentieren.

*Heidemarie:* Du kannst jetzt nicht wegziehen.

*Herta:* Warum?

*Heidemarie:* Komm, laß uns erst mal in Ruhe hinsitzen und überlegen, was eigentlich jetzt dran ist.

*Herta:* Ach, ich kann doch nicht im Angesicht von uns verfolgenden Feinden hier sitzen und reden!

*Heidemarie:* Was willst du sonst tun? Jetzt ist es Nacht, und wir wollen jetzt auch nicht weg. Laß uns hinsitzen und überlegen, was wir tun können, sonst verlieren wir noch ganz die Nerven.

*Herta:* Das ist das einzig Richtige, da hast du recht; es ist ja Nacht, und bei Nacht kann man hier in der Wüste nicht weg. Meine Güte!

*Elisabeth:* Ich hab's doch gleich geahnt, das konnte nicht gutgehen. Jetzt haben wir's. Die Ägypter hinter uns, das Meer vor uns. So ein Auszug muß doch geplant sein. Nichts war geplant, alles war Risiko. Auf Glauben, Vertrauen, Gottvertrauen, unser Glück, unser Gelingen aufgebaut. Blindes Vertrauen. Und wir zahlen die Zeche. Wer hat denn eigentlich aus Ägypten herausgewollt?

*Heidemarie:* Ja, wir doch.

*Elisabeth:* Ich nicht. So schlecht ging's uns ja gar nicht. Unsere Vorfahren wohnten schon lange dort. Es war Heimat für uns, ein schönes Land. Erinnert euch doch. Der Nil voller Fische.

*Heidemarie:* Es war keine Heimat.

*Elisabeth:* Der Nil immer bewässert, grün, fruchtbar. Wir hatten zu essen. Jetzt in der Wüste aber, ihr erlebt's ja.

*Heidemarie:* Geschuftet haben wir.

*Elisabeth:* Aber wir wurden gebraucht, wir hatten Arbeit. Wir hatten ein Dach über dem Kopf.

*Heidemarie:* Sklaverei war's.

*Herta:* Also insofern fand ich Ägypten auch ganz gut, als da alles klarer und sicherer war, zumindest mehr als jetzt hier. Sicher war's anstrengend. Schwerarbeit, das muß Elisabeth wohl auch zugeben, aber du hast wenigstens gewußt, was du tun sollst und wie du dich verhalten mußt, und hast nicht dauernd hinterherjagende Menschen gehabt.

*Heidemarie:* Dreh es doch nicht um, Schwester, das war das einzige, was wir überhaupt gewußt haben: daß es übermorgen so ist wie heute. Sicherheit war das einzige, was wir hatten. Und wessen? Fremde Inhalte. Ich verstehe euch nicht.

*Elisabeth:* Ach, es gab immer mal Ärger mit den Ägyptern. Wo gibt's denn das nicht? Nirgends ist alles vollkommen. Unsere Männer sollten mehr arbeiten, die Normen wurden erhöht, sie mußten für Fremde und nicht für sich arbeiten. Aber, Schwestern, es herrschte Ordnung, alles war geregelt, wir wußten, woran wir waren, was uns morgen erwartete.

*Heidemarie:* Aber das war auch das einzige. Wir hatten unsere Träume verloren. Wir hatten unsere Wünsche, wir hatten unsere eigene Geschichte vergessen. Wir dachten überhaupt nicht mehr an die Geschichten unserer Mütter und Väter.

*Herta:* Na, die Geschichte unserer paar Leute ist ja wirklich von verschwindender Bedeutung. Ich fand dies Ägypten schon auch faszinierend. Was es dort alles gab! Das war wenigstens ein Riesenvolk, eine Weltmacht, und hatte wirtschaftliches Glück und Blüte, da ist was gewachsen, da gab es einen Lebensstandard. Die haben auch Internationalität, eine tolle Kultur; guck doch mal die großen Pyramiden an bis hin zu den Malereien und dem Kult und der Religion, die die haben, dazu Literatur und Musik.

*Heidemarie:* Du drehst ja alles um. Wem gehörte denn das? Doch nur einigen wenigen von den Ägyptern. Die meisten waren da auch nicht mit einverstanden. Aber das interessiert mich noch gar nicht mal so sehr. Wir waren fremd. Wir haben uns darin nicht wiedergefunden, und das war doch der Motor, warum wir überhaupt weggegangen sind. Wir haben uns endlich erinnert, als der Mose kam und die Mirjam, endlich haben wir wieder Mut gefaßt und haben gesagt: Jawohl, es gibt etwas anderes für uns, es gibt ein eigenes Land, ein gelobtes Land, und unser Gott will uns rausführen, damit wir frei werden. Das war's doch.

*Herta:* So hast du's gesehen, mit Mose.

*Elisabeth:* Dieser Mose, der hat uns ja das alles eingebrockt. Der redete und redete, und das gar nicht mal überzeugend in

seinem ganzen Auftreten, stotternd, unbeholfen, und manchmal schien's mir, als ob er gar nicht mal so überzeugt von
diesem Aufbruch war. Der sprach von einem gelobten Land,
wo wir frei sein sollen, als ob's so was gäbe wie ein freies Land.
Überall gibt's doch Zwänge.

*Heidemarie:* Aber es gab doch nicht nur Mose, Schwestern, es
gab doch auch nicht nur Mirjam, wir haben uns doch schon die
ganzen Jahre erinnert der Geschichte von Rebekka, daß wir ein
gesegnetes Volk sind, der Geschichte von Sarah, daß unser
Land woanders ist. Und dann haben wir's gewagt, mit dem
Schutz durch diesen Gott. Wir haben auch Vertrauen in die
ersten Schritte gewagt, und ihr habt es selbst gesehen, wie wir
bei Nacht geführt wurden und am Tage.

*Elisabeth:* Aber wo ist denn der Gott, der uns in die Freiheit
führen würde? Ein schöner Gott, kann ich nur sagen, der uns
jetzt in der Wüste verrecken läßt. So ein Abenteurer-Gott, den
gibt's doch gar nicht. Wo Gott ist, da ist Ordnung, Zufriedenheit, Geduld, da hält man's aus, auch wenn's einem schwerfällt.
So ein Mose-Gott ist eine Illusion, nichts wie Chaos hinterläßt
er.

*Heidemarie:* Nein, das ist keine Illusion. Und du hast die
letzten Tage erlebt, daß Gott Gegenwart ist. Willst du etwa so
einen Gott wie in Ägypten? Wie wir da gelebt haben, das war
doch erschreckend. Wir haben den genauso eingesperrt, wie
wir eingesperrt waren, und wir haben ihn benutzt, ganz privat
nur benutzt, damit wir an unserem Feierabend billig ein
bißchen getröstet werden, wir haben unseren Gott eingesperrt.

*Elisabeth:* Schwestern, wir wollen doch mal ganz nüchtern sein.
Sterben müssen wir alle; aber ich, ich für meinen Teil möchte
nicht im Wüstensand verscharrt werden, ich möchte nicht
vergessen werden, ich möchte nicht totgeschwiegen werden,
ich möchte eher in ordentlichen Verhältnissen sterben, ich
möchte ein Grab bekommen und bei anderen in anständiger
Erinnerung bleiben.

*Heidemarie:* Und ich will leben.

*Elisabeth:* Aber ich möchte keine Außenseiterin sein.

*Herta:* Also zurück nach Ägypten, das ist unmöglich. Denn ich glaube wirklich, daß sie uns schlimmer behandeln würden als vorher. Ich meine, du kannst ja Leute wie Elisabeth die weiße Fahne hissen lassen, das gäbe uns nämlich die Zeit, inzwischen abzuhauen mit denen, die alle bereit sind, weiterzugehen.

*Heidemarie:* Aber was heißt hier abhauen?

*Herta:* Ha, morgen früh kann man doch aufbrechen und sich in kleinen Grüppchen verkrümeln.

*Elisabeth:* Wir wollen wieder den Ägyptern dienen. Was ist denn daran so schlimm? Immer wird es Herrschende und Dienende geben. Immer wird es welche geben, die die Schmutzarbeit machen. Die Freiheit ist eine Utopie, aber keine konkrete. Ich will zurück. Wenigstens ich für meinen Teil. Ich will in mein altes Land und in meine alte Ordnung zurück. Ich will zu meinem alten Gott.

*Heidemarie:* Laßt uns doch unsere Ausrichtung nicht vergessen, Schwestern! Laßt uns doch diesen Weg weiter wagen. Und wenn der Gott sich jetzt so gezeigt hat, dann wird sich uns auch ein Weg auftun. Wir können nicht hinter uns selbst zurück und uns selbst verraten. Mir geht's ja auch nicht gut, ich weiß es ja auch nicht, wie es weitergehen soll. Aber laßt uns doch *versuchen*, in unserer Ausrichtung zu bleiben.

*Herta:* Das ist Ideologie, irgendwo, so Gemeinschaftsideologie. Laß doch die zurückgehen und laß mich morgen früh abhauen, und du kannst ja bleiben, wenn du willst.

*Heidemarie:* Nein, wir waren nie nur als einzelne gemeint.


**Sich fürchten**

*Elisabeth:* »Sie fürchteten sich sehr und schrien zu dem Herrn . . .« Mir kommt es manchmal vor, als hätten wir in der

Kirche das Fürchten verlernt. Angst haben wir – natürlich –, aber wir stehen nicht dazu. Es steht zu oft in der Bibel und wird zu oft von den Kanzeln zitiert: »Fürchte dich nicht.« – »Fürchtet euch nicht.« Die Folge ist, daß viele Christen meinen, sie dürften sich nicht mehr fürchten. Aus der Zusage ist ein Gebot geworden: Du sollst dich nicht fürchten!

Wir haben nicht geübt, unsere Angst auszudrücken. Unsere Ängste, unsere Aggressionen sind ein Stück von uns, ein notwendiges Stück unserer Persönlichkeit. Aber wir tun so, als ob wir nicht Angst, nicht Aggression, nicht Zorn haben dürften. Es sind unschöne, unbürgerliche Seiten, die man nicht zeigen möchte – und damit geht etwas von *uns* verloren.

Wir wollen wieder ausziehen, das Fürchten zu lernen. Der Weg in die Freiheit ist nicht glatt, strahlend, sondern holprig. Er ist mit unseren Aggressionen und unseren Regressionen besetzt. Die Israeliten schrien in dieser Situation alles heraus, was sich bei ihnen an Widerstand, Überforderung, Wünschen, Rückzugsgedanken und Unsicherheiten angesammelt hatte. Das war ein Stück ihres Weges in die Freiheit.

Wir wollen uns jetzt die Zeit nehmen für unsere eigenen Widerstände, Rückzugsgedanken und Unsicherheiten. Zeit, bei uns zu sein, unsere Gedanken aufzuschreiben, mit der Nachbarin zu sprechen.

*Plenum*

*Gitarrenmusik*

### Seid ihr nur stille

*Heidemarie:* »Mose sprach zum Volke: Fürchtet euch nicht! Haltet stand, so werdet ihr sehen, wie der Herr euch heute helfen wird; denn so, wie ihr die Ägypter heute seht, werdet ihr sie niemals wiedersehen. Der Herr wird für euch streiten, seid ihr nur stille« (2. Mose 14,13.14).

Fest stehen in der Stille

*Heidemarie:* In der Angst stehen und in der Angst standhalten und stille sein – diese Aufforderung, die das Volk bekommt, spricht mehr an als nur unseren Kopf und unseren Verstand. Sie ist eine ganzheitliche Aussage und meint unsere Seele und unseren Leib. Deshalb möchte ich euch jetzt einladen, diese Aussage, in der Stille zu sein und fest zu stehen, körperlich und geistlich zu erfahren.

Ich stehe fest
mit beiden Füßen am Boden.
Fest stehen –
ich spüre meine Fersen, den Ballen,
die ganze Fläche meiner Sohle, auf der ich stehe.
Ich kann fest stehen, der Boden trägt mich,
über meine Sohlen spüre ich die Verbindung zur Erde.
Gut stehen –
Unterschenkel entspannen, die Knie,
Oberschenkeln entspannen bis in den Beckenraum, Unterbauch.
Spürt den Atem,
spürt die Bewegung beim Einatmen und Ausatmen.
Laßt beim Ausatmen die Spannung, die in euch ist, durch die Beine durchfließen. Durch die Sohle in den Boden.
Spürt den Atem –
spürt, wie wir aufgerichtet sind aus unserem Beckenraum heraus
nach oben, durch unsere Wirbelsäule, den Rücken –
aufgerichtet im Rumpf, in der Brust.
Schaut, daß der Atem fließen kann,
daß die Schultern sich lockern.
Spürt, daß ihr eure Spannungen durch die Schultern, die Arme, Hände und Fingerspitzen in den Boden schicken könnt.

Ich bin mit der Erde verbunden,
bin nach oben ausgerichtet.

Mein Kopf, mein Nacken ist die Verlängerung der Wirbelsäule.
Ich kann mein Gesicht entspannen, meine Stirn, meine Augen,
Unterkiefer – und kann mich sein lassen in diesem Wissen,
getragen zu sein von der Erde, umgeben zu sein von der Luft,
die ich beim Einatmen spüre, die ich beim Ausatmen
hergebe.


Fest stehen in der Stille.
Standhalten.
Spürt euren Atem, der euer eigenes Leben ist,
mit dem ihr verbunden seid mit dem ganzen Leben.
Laßt Gedanken und Bilder kommen,
wenn sie kommen wollen,
und laßt sie auch immer wieder fließend los mit eurem Atem.
Wenn Spannungen da sind,
schickt sie durch den Boden in die Erde,
die sie aufnimmt,
und laßt uns eine Weile so ganz still stehen und standhalten.


*Stille*


Spürt die Stille in euch
und die Stille, die uns miteinander verbindet,
und spürt, wie ihr aus so einer Stille im Stehen
übergehen könnt in ein leises Schwingen.
Wenn ihr mögt, spürt, daß ihr in diesem Schwingen nicht
alleine steht, sondern daß es neben euch Menschen gibt.
Vielleicht mögt ihr diesen Menschen die Hand geben und den
Ausdruck »Standhalten« in noch einer anderen Weise erfahren.
Ich halte stand –
allein und miteinander.


*Gitarrenmusik*


70

Herr, deine Liebe ist wie Gras und Ufer,
wie Wind und Weite und wie ein Zuhaus.
Frei sind wir, da zu wohnen und zu gehen.
Frei sind wir, ja zu sagen oder nein.
Herr, deine Liebe ist wie Gras und Ufer,
wie Wind und Weite und wie ein Zuhaus.

Wir wollen Freiheit, um uns selbst zu finden,
Freiheit, aus der man etwas machen kann.
Freiheit, die auch noch offen ist für Träume,
wo Baum und Blume Wurzeln schlagen kann.
Herr, deine Liebe ist wie Gras und Ufer,
wie Wind und Weite und wie ein Zuhaus.

## Durch das Schilfmeer

*Herta:* »Da erhob sich der Engel Gottes, der vor dem Heer
Israels herzog, und stellte sich hinter sie. Und die Wolkensäule
vor ihnen erhob sich und trat hinter sie und kam zwischen das
Heer der Ägypter und das Heer Israels. Und dort war die
Wolke finster, und hier erleuchtete sie die Nacht, und so kamen
die Heere die ganze Nacht einander nicht näher. Der Herr trieb
das Meer die ganze Nacht durch einen starken Ostwind zurück
und legte das Meer trocken, und die Wasser teilten sich. Und
die Israeliten gingen hinein mitten ins Meer auf dem Trockenen, und das Wasser war ihnen eine Mauer zur Rechten und zur
Linken« (2. Mose 14,15–22).

Der Wendepunkt am Wasser

*Heidemarie:* Die Geschichte des Auszugs aus Ägypten wird zur
Geschichte der Verwandlung der Sklaven zum Volk Gottes.
Nach ihrem Aufbruch und ersten Schritten in der Wüste der
Ungewißheit des Lebens, dem Kennenlernen des Schutzes

Gottes bei Tag und Nacht auf dem offenen Weg in die Freiheit werden sie an eine entscheidende Stelle geführt, den Wendepunkt am Wasser.

Eingeklemmt und zu Tode bedroht zwischen den sie verfolgenden Ägyptern und der Undurchdringlichkeit des Meeres, umzingelt in sich selbst in panischer Angst, erhalten sie hier die Anweisung, eben in dieser Angst fest stehen zu bleiben, im Stillesein der Situation standzuhalten und sich ganz dem Handeln Gottes anzuvertrauen, der sich zeigen will. Es ist die Entscheidung der äußerlich Freigewordenen, sich nun auch innerlich dem Neuen zu öffnen: in der Angst bleiben und ihr standhalten – nicht die Richtung verlieren, nicht weglaufen, sich nicht neu versklaven. In der Angst bleiben und stille werden – nicht in Panik handeln und sich verengen, verschließen, starr, bewegungslos werden, atemlos, gelähmt. Nicht länger innerlich Ägypten verhaftet bleiben, sein starres System inwendig weiterführen, das aus der Angst vor der Angst bestand und so von innen gestützt wurde. Nein, der entscheidende Punkt heißt: Dies nicht mehr, sondern sich auf Gott einlassen; sich innerlich aufmachen und mit allem Vertrauen der Angst standhalten; sich auf die Stille einlassen und sich mit allem Willen der umwandelnden Kraft Gottes im Jetzt öffnen, die die Enge der Angst weit macht, Erstarrung zum Fließen bringt, Verschlossenes auftut und einen Weg ins Leben eröffnet. Indem sie sich öffnen, werden sie erdverbunden, werden selbst Wasser, fließend, durchlässig und offen, eingebunden in die Bewegung strömenden Lebens. Und wie sie sich öffnen, tun sich die Wasser vor ihnen auf, die sie spiegeln. Wie *sie* sich dem Leben öffnen, eröffnet sich ihnen das Leben. Wie sie inneren Weg bahnen, zeigt sich äußerer Weg, und der Engel stellt sich dahinter. Wie sie sich einlassen, öffnen sich Wasser und Erde, ziehen sie durch wie in einer Geburt. Wie sie sich einlassen, zeigt sich der Weg, Geburtsstunde der Freien, Volk Gottes, geboren aus Wasser und Geist; und stirbt das Vergangene in der Verwandlung der Taufe zum Leben.

*Musik*

## Jenseits des Schilfmeeres

*Elisabeth:* »Und die Ägypter folgten und zogen hinein ihnen nach, alle Rosse des Pharao, seine Wagen und Männer, mitten ins Meer. Als nun die Zeit der Morgenwache kam, schaute der Herr auf das Heer der Ägypter aus der Feuersäule und der Wolke und brachte einen Schrecken über ihr Heer und hemmte die Räder ihrer Wagen und machte, daß sie nur schwer vorwärtskamen. Da sprachen die Ägypter: Laßt uns fliehen vor Israel; der Herr streitet für sie wider Ägypten. Aber der Herr sprach zu Mose: Recke deine Hand aus über das Meer, daß das Wasser wiederkomme und herfalle über die Ägypter, über ihre Wagen und Männer. Da reckte Mose seine Hand aus über das Meer, und das Meer kam gegen Morgen wieder in sein Bett, und die Ägypter flohen ihm entgegen. So stürzte der Herr sie mitten ins Meer. Die Wasser strömten zurück und bedeckten Wagen und Männer, das ganze Heer des Pharao, das ihnen nachgefolgt war ins Meer, so daß nicht einer von ihnen übrigblieb. Aber die Israeliten gingen trocken mitten durchs Meer. So errettete der Herr an jenem Tage Israel aus der Ägypter Hand. Und sie sahen die Ägypter tot am Ufer des Meeres liegen. So sah Israel die mächtige Hand, mit der der Herr an den Ägyptern gehandelt hatte. Und das Volk fürchtete den Herrn, und sie glaubten ihm und seinem Knecht Mose« (2. Mose 14,23–31).


## Das Hinterher ist auch Realität

*Herta:* »Und Israel sah die Ägypter tot am Gestade des Meeres liegen . . .«
– Wenn da Menschen beim Auszug zugrunde gehen müssen, kann ich nicht mit.
– Daß Gott so etwas tut – sind das nicht auch seine Menschen?
– Wenn ich unterdrückt bin und frei sein will, werde ich schuldig – an den Männern.
– Manche werden auf der Strecke bleiben.
– Mit Schuldgefühlen kann ich nicht frei werden.

– Das Hinterher ist auch Realität.

Das waren die ersten spontanen Reaktionen, als wir mit Frauen zusammen diesen Text hörten.

Für einen Teil der Handelnden ist der Weg zu Ende, und wir Frauen reagieren typisch: Unser Herz schmilzt vor Mitleid, wir klagen Gott für diese Toten an und wollten lieber gar nicht aufgebrochen sein.

Ja, wir sollten klar sehen, daß bei einem Aufbruch aus der Unterdrückung die auf der Strecke bleiben, die nur aufbrechen, um die anderen mit Gewalt festzuhalten, sie an sich zu ketten. Die, die meinen, sie seien ein freies Volk, und dies durch große Militär- und Mannesmacht, durch Arbeit, Unfreiheit und Abhängigkeit anderer sichern, gehen mit ihrer Maßlosigkeit, ihrem Starrsinn unter.

Und die, die frei sein wollen, gehen unter dem Schutz einer starken Hand durch die Gefahr – erleben das Wunder: Wenn sie nicht wie das Kaninchen auf die Schlange starren, sondern vorwärtsblicken, im Glauben bleiben, nicht wegrennen, aufgeben, dann gibt es einen Weg durch das Ausweglos-Scheinende. Gott will freie Menschen, die ihm dienen – keine Sklaven und keine Unterdrücker.

Der Weg in die Freiheit ist schwer, und die Angst ist gerechtfertigt, daß die Starren, Unbeweglichen zurückbleiben oder umkommen. Und es tut weh, denn es sind ja auch Menschen, Männer und Frauen.

In der jüdischen Tradition kommentierten die Rabbinen dieses Geschehen: »Gott weinte, denn sein Volk, die Ägypter, waren auch da und starben.« Denn auch Ägypten gehört letztlich in den Heilsplan Gottes, wie Jesaja in seinen Gerichtsreden schrieb: »Gesegnet ist Ägypten, mein Volk . . .«

Im Neuen Testament, im Neuen Bund, bietet Gott uns allen die Versöhnung/Vertöchterung an. Es ist jetzt an uns, uns als einzelne, als Frauen, als Männer, als Volk auf den Weg zu machen.

*Musik*

# Mirjams Lied

*Heidemarie:* »Da nahm Mirjam, die Prophetin, Aarons Schwester, eine Pauke in ihre Hand. Und alle Frauen folgten ihr nach mit Pauken im Reigen. Und Mirjam sang ihnen vor: Singet dem Herrn, denn hoch erhaben ist er. Roß und Reiter warf er ins Meer« (2. Mose 15,20.21).

*Elisabeth:* Wir sprachen am Anfang von Mirjam und kommen am Ende noch einmal auf sie zurück. Als Frau hat sie den Durchzug durchs Schilfmeer miterlebt, und statt wie die männlichen Schreiber breit und bunt vom Untergang der Ägypter und ihrer Streitwagen zu erzählen, singt sie ganz einfach: Singt dem Herrn, denn hoch erhaben ist er, Roß und Reiter warf er ins Meer. Kein Wort von Pharao, kein Wort von den Ägyptern. Wir sind zusammen durchs Schilfmeer gezogen, wir haben erlebt, wie Macht untergeht und wie Macht in uns zurückkehrt. Als Frauen haben wir unsere eigenen Erfahrungen mit Macht. Meist sind es Leidenserfahrungen. Wir sind machtloser als Männer, wir fühlen Ohnmacht, wir spüren physische Übermacht. Und dann kann es passieren, daß wir diese Ohnmacht kompensieren und andere treten. Aber durch unsere Lebenserfahrung sind wir heute sensibler für den Mißbrauch von Macht und für deren Ursache, die physische Macht. Wir sind die da unten und nicht die da oben.

Im Mirjamlied entdecke ich etwas von dieser alten Frauenerfahrung, Roß und Reiter warf er ins Meer. Roß und Reiter, das ist ein Bild, hinter dem steckt mehr als Militärmacht. Roß und Reiter, das ist nicht nur ein schöner Anblick, der uns ergreift. Roß und Reiter, das ist ein uraltes, in vielen Mythologien auftauchendes Bild von patriarchaler Beherrschung der Welt. Das Roß ist das Bild der Kraft, der Sexualkraft, und in Verbindung mit dem Reiter drückt es die überlegene männliche Beherrschung der Sexualität aus. Und nun stürzt Mirjam dies schöne Bild von Kraft, Mut und Männlichkeit. Roß und Reiter warf Gott ins Meer. Und wir können heute in moderner Sprache sagen: Sexus und Herrschaft warf er ins Meer, nicht Sexualität, aber die Unterdrückung, die durch sie geschieht.

»Gott hat nicht Gefallen an der Stärke des Rosses noch Lust an den Schenkeln des Mannes«, heißt es schon in Psalm 147. Im Meer versinkt mehr als die Militärmacht. Im Meer versinkt der Männlichkeitswahn, das Imponiergehabe, auch das der Frauen. Im Meer versinkt auch unser Weiblichkeitswahn, mit dem wir männliche Macht verehren und uns ihr unterordnen. Im Meer versinkt das, womit wir andere bevormunden. Im Meer versinkt unsere Angst vor der Endgültigkeit dieser Macht, im Meer der Liebe, das uns erneuert. Mirjams Gott und unser Gott ist kein männlich starker Gott. Er ist der Vater Jesu, der mit den Zöllnern, Sündern und Frauen Gemeinschaft hatte. Er ist da, wo Menschen ohne Amtsgehabe, ohne Imponiergehabe, ohne Männlichkeitswahn und ohne Weiblichkeitswahn sich begegnen. Mirjam tanzt für diesen Gott. Mirjam singt für diesen Gott. Gott macht Mirjam und die Frauen frei, auf die Pauke zu hauen, stark in sich zu sein und dabei zu tanzen. Gott macht die Frauen frei, vorauszuziehen und die Befreiung aller – der Männer, Frauen und Kinder – zu feiern. Singt dem Herrn, denn hoch erhaben ist er, Roß und Reiter warf er ins Meer.

### Kanon

»Singt dem Herren, singet ihm und jubilieret allesamt, denn hoch erhaben ist er – Roß und Reiter warf er ins Meer.«

*Fünfstimmiger Kanon nach der Melodie des Kanons »Singt dem Herren, singet ihm und jubiliert allesamt, in dieser Morgenstunde kommt herbei und danket ihm«.*

### Segen

Wir bitten diesen Gott um sein Geleit:
Gott, segne uns und behüte uns.
Gott, laß Dein Angesicht leuchten über uns
und sei uns gnädig.
Gott, erhebe Dein Angesicht auf uns
und gib uns Deinen Frieden.

# Frauen bewegen
# die Kirche

Schlußgespräch beim Frauenforum

*Teilnehmerinnen:* Dr. Anneliese Lissner, Düsseldorf · Ober-
kirchenrätin Käte Mahn, Hannover · Eva
Rühmkorf, Hamburg · Professor Dr. Gerda
Tornieporth, Berlin
*Moderation:* Angelika Schmidt-Biesalski, Pullach

*Das Forum »Frauen bewegen die Kirche« auf dem Hamburger
Kirchentag gab viel Raum für Gruppengespräche. Am Vormit-
tag standen sie unter dem Thema »Frauen in der Kirche«, am
Nachmittag unter dem Thema »Wir Frauen im Alltag«. Eine
zusätzliche Kommunikationsmöglichkeit boten die in der Halle
aufgestellten Bäume aus Pappe, an die beschriebene Zettel
angeheftet werden konnten. Die Teilnehmerinnen des Schluß-
dialogs hatten die Aufgabe, Erfahrungen aus den Gruppenge-
sprächen und Stichworte von den angehefteten Zetteln in die
Schlußrunde einzubringen.*

*Schmidt-Biesalski:* Wir sind hier im Frauenforum einen ganzen und – wie ich meine – schönen Tag lang zusammengewesen. Es war das erste Mal, daß Frauen bei einem Kirchentag ihr eigenes Forum hatten. Wir haben aufeinander gehört, wir haben miteinander gesprochen und auch geschwiegen, wir haben standgehalten. Wir wollen jetzt versuchen, in diesem Schlußgespräch ein wenig von diesem Tag zusammenzufassen.

Ich bin *Gerda Tornieporth*, bin Dozentin an der Technischen Universität Berlin und vertrete dort das Fach Arbeitslehre in der Lehrerausbildung. Ich bin verheiratet mit einem freischaffenden Künstler, wir haben einen dreizehnjährigen Sohn.

Ich heiße *Käte Mahn* und bin Pastorin der Hannoverschen Landeskirche, und zur Zeit arbeite ich als Oberkirchenrätin bei der Vereinigten Evangelisch-Lutherischen Kirche Deutschlands im Lutherischen Kirchenamt in Hannover. Mein Hauptarbeitsgebiet ist ökumenische Studienarbeit.

Ich heiße *Anneliese Lissner,* ich bin katholisch und arbeite hauptamtlich in der katholischen Frauenarbeit als Generalsekretärin der katholischen Frauengemeinschaft Deutschlands. Ich bin auch Mutter, habe zwei erwachsene Töchter und freue mich an ihnen, obwohl sie ziemlich anders sind als ich.

Ich heiße *Eva Rühmkorf*, bin 46 Jahre alt, habe Psychologie studiert und arbeite jetzt als Beamtin in der Hamburger Verwaltung, und zwar als Leiterin der Leitstelle »Gleichstellung der Frau«. Ich bin verheiratet, wir haben keine Kinder. Für uns steht im Mittelpunkt für beide der Beruf.

Ich bin *Angelika Schmidt-Biesalski* und bin Journalistin. Was, meinen Sie, war für die Gesprächsteilnehmerinnen beim Frauenforum eine besonders wichtige Erfahrung?

## Echo auf die Bibelarbeit

*Tornieporth:* Am meisten betroffen war ich heute von der Bibelarbeit. Ich muß etwas weiter ausholen, um zu erklären, warum. Mir ist es sehr schwergefallen, das zu werden, was ich jetzt bin. Ich habe von vorneherein immer versucht, »aus Ägypten auszuziehen«. Die langen Durststrecken, die ich überwinden mußte, haben mich oft mit schrecklicher Ungeduld erfüllt. Das Bild der langen Wanderung durch die Wüste, das heute beschworen wurde, hat mich insofern angesprochen, als es mir gezeigt hat, daß es ganz normal ist, daß eine lange Wüstenstrecke kommt, wenn man das Selbstverständliche hinter sich läßt, daß man dann nicht gleich ins »Gelobte Land« kommen kann. Ich finde das sehr tröstlich.

*Mahn:* Für mich kam ein besonderes Erlebnis dazu. Ich hatte Gelegenheit, diesen fremden Text für einige Südafrikanerinnen noch einmal in eine andere Sprache zu übersetzen. Wir haben gemeinsam in den kurzen Gesprächen erlebt, daß wir alle unsere Wüsten haben. Die Südafrikanerinnen ganz andere als wir Frauen und Männer hier in der Bundesrepublik. Das gemeinsam zu erfahren, war mir besonders wichtig.

*Lissner:* Für mich war eine sehr gute Erfahrung, daß ich in jeder Gruppe, wenn ich gesagt habe, ich bin katholisch, ringsherum freundliche, erfreute, fröhliche Gesichter sah und das Gespräch dann so weiterging und es überhaupt keinen Unterschied machte, ob da einer katholisch und sieben evangelisch waren. Ich verstehe das so: Wir haben die gleichen Grunderfahrungen. Wir leben ein Stück aus einem gemeinsamen Glauben und lieben unsere Kirche. Und wir haben die gleichen Probleme damit, daß das, was wir erfahren an Möglichkeiten, uns für die Kirche einzusetzen, nur zum Teil in der Kirche zum Zug kommen kann. Und daß wir dann dastehen mit all unseren Gaben, die wir geben wollen, und sie nicht angenommen werden. Und vielleicht auch die Erfahrung machen, daß wir verdächtigt werden, vielleicht einen falschen Anspruch, eine falsche Erwartung zu haben. Das war auch meine ganz positive Erfahrung: Wenn wir nach den Grundlagen unseres Glaubens fragen und gemeinsam die Bibel ansehen und über das, was in der Bibel steht, als Frauen miteinander reden, dann werden wir doch wieder gestärkt zu dem, was wir in der Kirche, für die Kirche, mit der Kirche tun wollen.

*Rühmkorf:* Für mich waren eigentlich zwei Dinge ganz besonders eindrucksvoll. Das eine war die Bibelarbeit – dazu möchte ich auch gerne noch sagen, was mich am meisten betroffen gemacht hat – und das andere die Art, wie hier in diesem Raum mit so vielen Menschen Gespräche geführt worden sind. Ich hätte das nicht für möglich gehalten, daß wir unter Tausenden so intensiv in Gruppen sprechen können. Zu der Bibelarbeit: Ich habe mich in meinem ganzen Leben noch nie von einem Bibeltext so angesprochen gefühlt wie heute und habe in mir erlebt, daß ich ein ganz großes Glücksgefühl empfunden habe und dann plötzlich Angst bekam. Angst nämlich, als die drei Schwestern in der Wüste unterschiedliche Positionen vertreten haben. Und ich dachte, jetzt geht es los, jetzt streiten sie sich, und nun geht alles kaputt. Ich befürchtete, eine wird autoritär etwas durchsetzen, damit sie weitergehen können, oder eine wird, wie wir Frauen das oft machen, harmonisierend darauf hinwirken, daß die Unterschiede ausgeglichen werden. Aber das hat alles nicht stattgefunden! Sie haben ihre unterschiedlichen Standpunkte offen aussprechen können, auch mit Emotionen. Und sie sind trotzdem miteinander weitergegangen. Das fand ich wunderbar.

**Erfahrungen**

*Schmidt-Biesalski:* Sie haben Ihre eigenen Erfahrungen in diesem Bild vom Auszug wiedergefunden. Was bedeutet ein solcher Auszug für Frauen?

*Mahn:* Ausziehen bedeutet auch *entwurzelt werden*. Ich finde es sehr schwierig, ohne Wurzeln zu leben, immer wieder weitergehen zu müssen, sozusagen ein Leben zu führen auf Abbruch hin. Es ist gesagt worden, daß viele Frauen, besonders die aktiven Frauen, längst aus der Kirche ausgezogen seien. Und trotzdem, viele kommen immer wieder zurück. Ich werte das so, daß sie auch wieder nach Wurzeln suchen. Doch wie auch in einem Wachstumsprozeß nichts kann wachsen, ohne daß andere – wenn ich das Bild aus der Landwirtschaft noch weiter ausmalen darf – ackern und dann auch begießen. Auszug also, entwurzelt werden und dann aber gleich weitergehen, vielleicht gar nicht gleich, sondern es dauert oft sehr lange, ehe man den Weg findet oder den Ort, an dem man auch selber Wurzeln schlagen möchte. Auszug heißt: niemand sagt mir, hier *mußt* du festwachsen, sondern Auszug heißt für mich, hier möchte ich wieder festwachsen.

*Lissner:* Mich hat etwas ganz Merkwürdiges gepackt, als in der Bibelarbeit gesagt wurde, jede Generation muß ausziehen. Da bin ich auf einmal fast in Tränen ausgebrochen, weil mir eingefallen ist, wie das war, als meine Töchter ausgezogen sind. Das war eine Situation, in der beide, die Kinder und die Mutter, unheimlich gelitten haben, und trotzdem habe ich gewußt und gesagt, es ist richtig und es ist gut für euch und es wird auch wieder gut werden für mich. Aber noch jetzt, wenn ich davon rede, merke ich immer noch, was das für Schmerzen gewesen sind. Sie sind allmählich dadurch geheilt worden, daß ich entdeckt habe, daß man immer wieder ausziehen muß und daß das Weggehen der Kinder mir die Möglichkeit gibt, wieder ein Stück weiterzugehen. Weg von dem, wo ich mich sicher gefühlt habe. Und dann habe ich gedacht, das, was man verläßt, ist immer ein Stück Ägypten, aber es ist nicht nur Ägypten, es ist auch Heimat, und man muß sich dies Stück Heimat auch bewahren.

*Tornieporth:* Ich wollte noch einmal fragen, was heißt das, ausziehen, hinausziehen? Heißt das, sich zu verabschieden von einem Bild der Frau, das wir alle sehr lange gelebt haben? In einer der Gruppen ist gefragt worden: Was heißt das, eine emanzipierte Frau sein? Heißt das, berufstätig sein und etwas gegen Männer haben? Ich glaube, es wäre schade, wenn ausziehen bedeuten würde, neue Normen aufzustellen, um starre neue Vorbilder zu schaffen, denen man sich unterordnen muß, so daß es nicht mehr heißt: »Hänschen klein . . .«, wie wir das vorhin gehört haben, sondern »Gretel klein ging allein . . .« oder »die Frau muß hinaus ins feindliche Leben«. Ein solcher Rollentausch wäre sicher eine sehr armselige Vorstellung von »ausziehen«.

*Rühmkorf:* Ich möchte das gerne aufgreifen. Ich bin durch verschiedene Gruppen gegangen, habe ein wenig Spionin gespielt. Es ist mir oft schwergefallen, aus einer Gruppe wieder herauszugehen, aber wir hatten ja heute die Aufgabe, zum Abschluß darüber zu sprechen, was uns aufgefallen ist. Und mir ist aufgefallen, mit welcher Ernsthaftigkeit von allen, die miteinander gesprochen haben, dieses Bild vom Auszug aufgegriffen worden ist und was es Unterschiedliches ausgelöst hat: Zum Beispiel Freudegefühle. – Auf in eine neue, bessere Zukunft! In manchen Gruppen wurde darüber gesprochen: Wie sieht das gelobte Land aus, das ich mir vorstelle? Das sah eben nicht so aus, wie Sie es gerade skizziert haben, sondern da waren sehr differenzierte Ansätze, aber es hatte eigentlich niemand eine Antwort fertig. Es wurde aber auch deutlich, daß dieses Ausziehen auch bedeutet, etwas zurückzulassen. Ich erinnere mich aus einer Nachmittagsgruppe an ein Gespräch, in dem es darum ging, ob wir Frauen diesen Weg zu etwas Neuem – und das ist es ja wohl doch – alleine gehen können, müssen, dürfen. Ich habe mir heimlich aufgeschrieben, was eine Frau gesagt hat: »Wenn ich ausziehe, dann ist das für mich sehr schwer, ich lasse doch auch ›Fleischtöpfe‹ zurück, und dann kann ich doch nicht auch noch meinen Mann an die Hand nehmen, obwohl ich es doch eigentlich so gerne möchte.« Zu dem Thema noch eine Zettel-Frucht von einem Baum: »Die Ängste der Männer sind deren Probleme. Unsere Ängste sind unsere Probleme. Reden wir miteinander darüber!«

*Mahn:* Ich möchte gern das Wort »Leiden« in diese Debatte werfen. Ich glaube, es ist ein Stück Leiden, das wir aufnehmen, das jeder aufnimmt, der von irgendeinem Ort, aus einer Situation wegzieht. Und ich glaube, es ist gar nicht selbstverständlich, daß wir dieses Leiden auf uns nehmen. Ich denke, häufig ist es einfacher, nicht auszuziehen, weil diese Angst vor dem Leiden zurückhält. Da wünsche ich mir für alle, die ausziehen, so wie Frau Lissner es gesagt hat – die Kinder ziehen aus dem Haus der Eltern, die Eltern ziehen aus einem Freundeskreis, man wechselt den Beruf –, daß wir da fähig werden, zuzugeben: »Das tut mir weh, daran leide ich, daß ich das tun muß, weil ich mich entschlossen habe, weil es notwendig ist«, und daß mir dann Leute zur Seite stehen, die sagen: »Ich trage dieses Leiden mit.« Ich glaube, das wäre die Aufgabe für uns Christen.

## Ängste

*Schmidt-Biesalski:* Zu dem Auszug gehört die Wüstenwanderung mit dazu. Mir ist selber noch nie so klar gewesen wie heute, daß diese Wüste vor allem Angst heißt.

*Rühmkorf:* Obwohl die Gespräche so ernsthaft geführt wurden, fiel mir beim Herumhören auf, daß eine Gruppe lachte. Wir waren nicht traurig miteinander, obwohl so viele Befürchtungen laut wurden. Ich denke, diese Ernsthaftigkeit, in der hier Frauen – und auch Männer – miteinander gesprochen haben, hat schon gezeigt, daß mit dem Etwas-Verändern, Sich-selbst-Verändern, dem Sich-Bewegen, Etwas-in-Bewegung-Bringen, auch Bedrohliches verbunden ist. Ich habe auch versucht, mir Notizen zu machen, welche Ängste da angesprochen wurden. Besonders aufgefallen sind mir Ängste vor Konflikten zwischen Männern und Frauen. Vor allem immer dann, wenn Frauen anderen Frauen gesagt haben: »Das müssen wir jetzt einmal alleine machen« oder »Wir müssen für uns stark sein« oder: »Ich muß mich erst selbst sehen«, nämlich, ich muß das Wort ernst nehmen, »liebe deinen Nächsten wie dich selbst«. Ich muß also mich erst selbst annehmen und lieben. Da kamen immer wieder Einwände von anderen Frauen, die sagten: »Ja, aber es darf nicht gegen die Männer gehen, wir wollen den Männern doch nichts wegnehmen, denn wir müssen es doch gemeinsam schaffen.«

*Tornieporth:* Ein weiterer wichtiger Punkt, finde ich, ist die Frage der Sprachbarriere. Es ist heute verschiedentlich angesprochen worden, daß man Ängste entwickelt, weil man die Sprache der anderen nicht versteht. Wir Frauen dürfen nicht in den Fehler verfallen, den die Männer weitgehend an sich haben, daß sie ihre Macht nämlich dadurch demonstrieren, daß sie sich in der Sprache absetzen von den anderen – auch von uns Frauen. Ich glaube, daß wir zutiefst darauf angewiesen sind, daß wir eine Sprache sprechen, die jeder versteht, und daß wir da nicht künstlich eine Kluft schaffen, die gar nicht da ist. An vielen Bäumen wurde heute darauf hingewiesen, daß das auch ein Problem zwischen jung und alt ist, daß also gesagt wird: »Ja, die Jungen, die ziehen schon eher einmal aus Ägypten aus, sie sind dann weit weg, und wir können sie nicht mehr erreichen«, und so entstehen Spannungen im Gespräch. Das hängt wohl auch damit zusammen, daß man dann schon wieder als Norm setzt, daß »frau« alte Rollen nicht mehr ausfüllen darf.

*Mahn:* In der Arbeitsgruppe, in der ich durchgängig gesessen habe, war ein großes Problem: »Wie ist es eigentlich, wenn ich ausziehe und eine eigene Rolle spiele und andere können nicht mitgehen? Sie wollen sich nicht ändern, sehen auch kein Bedürfnis darin. Was soll ich eigentlich tun? Soll ich sie einfach stehenlassen, soll ich einfach sagen: ›Die kümmern mich jetzt nicht mehr‹ – und dann sofort die Angst: ›Wen verletze ich da eigentlich?‹« Ich verletze den anderen und ja auch einen großen Teil in mir, denn ich habe ja auch diesen Teil in mir, der ganz gerne zu Hause bliebe und nicht hinausginge in die Wüste. Es ist schwierig, zu sehen, da sind andere, die haben eine andere Meinung. Tröstlich war für mich, daß eine der Frauen sagte: »Vielleicht muß ich hart sein.« Es gehört ein großes Stück Härte dazu, in die Wüste zu gehen, das bejahe ich. Auf der anderen Seite möchte ich das einschränken und sagen: »Augenblicklich muß ich hart sein, denn ich muß aufbrechen. Wenn du jetzt zurückbleibst, haben wir für eine Zeitlang nichts mehr miteinander zu tun.« Das war für mich ein ganz tröstlicher Aspekt, daß eine Trennung, wenn eine Gruppe geht und die andere bleibt zurück, nicht für immer sein muß.

*Lissner:* Ich möchte noch einmal auf die »Angst um die Männer« zurückkommen. Ich möchte dazu etwas sehr Persönliches sagen. Ich bin vor 21 Jahren schon Witwe geworden und habe sehr wenig Erfahrung seitdem mit der Partnerschaft mit Männern, weil diese Männer ja immer Männer von anderen Frauen waren. Wenn also heute die Frauen sagen: »Wir müssen unsere Männer mitnehmen«, dann kann ich das zwar gut verstehen. Aber manchmal denke ich, wie schön, daß sie jetzt auch einmal ein bißchen schwesterlicher mit uns, die wir so lange schon allein und ohne Männer waren, mitgehen. Ich will das nicht als Vorwurf sagen, sondern nur, damit wir sehen, es gibt nicht nur Paare in unserer Gesellschaft; es gibt Alleinstehende, Witwen und Geschiedene, und die brauchen Schwesterlichkeit; Brüderlichkeit ist, glaube ich, noch sehr viel weniger und schwieriger zu erwarten für eine Frau, wenn sie alleinstehend ist.

Ich möchte noch etwas anderes zur »Angst« sagen, zu meiner Angst. Wenn ich sehe, wir wir in der Kirche ein Stück vorangehen wollen und Kirche und Glauben mit den Augen der Frauen anschauen wollen, dann erfahre ich auch, daß eine große Anzahl von Frauen das nicht mitmachen will. Man steht dann da und sieht sich plötzlich nicht nur alleine gelassen, sondern beginnt sich zu fragen, ob man vielleicht selbst verkehrt fühlt und denkt, ob das, was man glaubt, noch der »richtige« Glaube ist. Ist es noch der Glaube der Kirche? Da setzt bei mir manchmal eine große Angst ein, daß ich nicht mehr von einem gemeinsamen Glauben getragen werden könnte. Es gibt die Geschichte, wie Jesus den Jüngern seine Lehren weitergibt und dann, da sie sie ja nicht verstehen, da er für sie zu weit vorangeht, sie fragt: »Wollt ihr gehen?« Darauf sagt Petrus: »Wohin sollen wir gehen? Du hast Worte des ewigen Lebens.« Das ist so ein Grundgefühl von Angst für mich, wenn ich denke, die Kirche trägt mich nicht mehr. Da frage ich mich: »Wohin soll ich gehen?« Das ist eine Angst, von der ich sprechen wollte.

*Schmidt-Biesalski:* Das sind jetzt sehr verschiedene Ängste gewesen, die hier angesprochen worden sind: Angst vor der Trennung, die Angst, anderen weh zu tun; die Angst, Liebe zu verlieren, und auch sehr stark die Angst, nicht genau zu wissen, was passiert, wenn man sich selbst verändert und ein anderer wird. Heute früh in der Bibelarbeit hat Frau Moltmann davon gesprochen, daß man die Ration in der Wüste teilt als Mittel gegen die Angst. Ich würde gerne fragen, was diese Ration gegen die Angst für Sie selber konkret enthält.

*Tornieporth:* Ich denke, daß es darum geht, Identitäten zu erweitern, und zwar für beide Geschlechter. Wie es für uns Frauen möglich ist, unsere Identität über berufliche Arbeit, über eine Ausbildung, genauso wie über kirchliche Gemeinde-arbeit oder/und über Familienarbeit zu gewinnen, genauso müßte es auch Männern möglich sein, ihre Identität nicht nur über den Beruf zu bekommen, sondern sich auch als Vater zu fühlen und diese Rolle auch auszufüllen, sich als Hausmann zu fühlen und damit eine breitere Basis für das Selbstwertgefühl zu gewinnen, was auch eine Möglichkeit wäre, Ängste abzu-bauen.

*Mahn:* Ich fand es sehr schön, wie wir heute morgen gemein-sam versucht haben, festzustehen und ein Stück gegen Angst anzustehen. Wir haben an uns selbst gespürt, daß man fest steht, weil so viele neben uns standen. Ich glaube, das hat etwas mit dem Teilen zu tun, das vorhin angesprochen wurde. Wenn wir die Kraft, die jeder hat, miteinander teilen, kann das gut sein gegen die Angst. Daß wir uns mitteilen, wie es eigentlich in uns aussieht in unserem Glauben. Über den Glauben zu reden ist häufig Privatsache geworden; es gehört sozusagen zum »Intimbereich« genauso wie über Sexualität zu sprechen, jedenfalls über nahe Sexualität. Über Glauben zu reden und uns gegenseitig auch wieder Worte zu leihen, wie wir ausdrük-ken, daß wir glaubende Menschen sind, ich glaube, das könnte ein Stück gegen die Angst sein.

## Läßt sich die Kirche bewegen?

*Schmidt-Biesalski:* An einem dieser Bäume habe ich den Satz gelesen: »Frauen in der Kirche – Frauen in Ägypten!« Das würde bedeuten, daß den Frauen nur noch der Auszug aus der Kirche bleibt. Ich frage mich aber, ob es nicht doch Möglichkeiten gibt, die Kirche oder wenigstens in der Kirche etwas zu bewegen. Mit welchem Ziel sollte das geschehen? Und was behindert diese Bewegungen bisher so sehr?

*Mahn:* Der Tag war unterteilt in »Wir Frauen in der Kirche«, und der Nachmittag hieß: »Wir Frauen im Alltag«. Ich hatte Schwierigkeiten mit dieser Trennung, denn mein Alltag ist Kirche. Ich kann nicht trennen zwischen »Frau im Alltag« und »Frau in der Kirche«, denn ich arbeite in der Kirche. Und das macht es mir schwer zu sagen, da bleibt uns nur noch der Auszug aus der Kirche, denn dann müßte ich aus meinem Alltag ausziehen, und das kann ich nicht und das will ich auch nicht. Denn bei allem Leiden an meinem Alltag, der von positiver Spannung bis zu großer Langeweile reicht, möchte ich etwas für diese Kirche, oder ich kann sagen, ich möchte gern etwas für meinen Alltag, weil das fast deckungsgleich ist. Ich fühle mich dieser Kirche verbunden, und ich kann nicht einmal direkt sagen, wieso eigentlich. Ich bin ganz normal hineingewachsen, so wie ein Christ in der Bundesrepublik in seine Kirche hineinwächst, durch Taufe, durch Konfirmation, einige gute Angebote in der Jugendarbeit und einen guten Religionsunterricht in der Schule. Und dann habe ich einen Arbeitsplatz in der Kirche gefunden. Für mich ist es also schwierig zu sagen, in der Kirche zu sein bedeutet in Ägypten zu sein. Und trotzdem sage ich, daß in dieser Kirche auch Bewegung entstehen muß. Es kann nicht nur die Bewegung nach außen sein, sondern auch eine Kreiselbewegung in der Kirche, die dann, wenn sie sich schneller dreht, auch wieder nach außen wirken kann.

*Tornieporth:* Dazu etwas von außerhalb der Kirche. Wir haben ja in der Bundesrepublik zumindest zehn Jahre Frauenbewegung, in Deutschland aber mehr als hundert Jahre. Und nach diesen hundert Jahren gibt es nun in der Kirche eine Frauenbewegung, und das erfüllt mich mit Bewunderung, weil ich finde, in der Tat, dazu gehört nun der meiste Mut, sich diese Institution vorzunehmen. Ich möchte allen Kirchenfrauen die Daumen drücken; trotzdem möchte ich auch ein wenig Wermut in diesen Wein gießen. Wenn man sieht, wie wenig Erfolg die Frauen gehabt haben, die z. B. in der Sozialdemokratie versucht haben, etwas zu bewegen, wenn man sich an Frauen wie Rosa Luxemburg oder Clara Zetkin erinnert, die versucht haben, eine Institution zu bewegen, und damit eigentlich gescheitert sind, und wenn wir als ihre Nachfahren heute sehen, welche klägliche Rolle wir eigentlich in den Parteien spielen, dann ist mir ein bißchen bange bei dem Gedanken, daß Frauen die Kirche bewegen wollen. Trotzdem kann es sein, daß die Kirche eine Institution ist, die sich besser eignet für so ein Unterfangen, wer weiß?

*Lissner:* Ich möchte im Hinblick auf das Bewegen der Kirche mit dafür wirken und dafür viele Frauen gewinnen, daß in unserer Kirche, in unseren Kirchen, das Leben der Menschen zur Sprache kommt. Unser alltägliches Leben. Dazu gehört, daß in unserer Kirche Frauen »zur Sprache« kommen können. Und das nicht nur in der Nachbarschaftshilfe und in sozialen Diensten und im Altenclub, sondern auch in der Verkündigung, im Religionsunterricht, in den Rundschreiben, die die Kirche erstellt, daß da überall, und zwar nicht nur eine Frau, eine Expertin, sondern viele Frauen, mindestens so viele wie Männer, dabei sind. Und ich denke, das ist schon Programm genug und dafür sollten wir wirklich eintreten, daß das in der Kirche möglich wird. Und wenn ich dazu noch sagen soll, was das hindert, dann denke ich, bei uns in der Kirche hindert das einerseits die Struktur der Kirche, in der nur Männer leitende Funktionen haben, nämlich Amtsträger sind. Aber auch ohne daß das Amt jetzt schon verändert wird, glaube ich, daß es dennoch möglich wäre, daß Frauen zu Wort kommen. Zum anderen hindert es auch, daß Frauen wie Männer in der Kirche noch so auf Experten, auf Amtsträger, auf Pfarrer und deren Autorität eingeschworen sind. Daß sie gar nicht selber das Selbstbewußtsein haben, daß das, was sie einbringen könnten, mindestens genauso wichtig wäre. Und daß sie dadurch eben immer wieder *diese einseitigen Strukturen ermöglichen.*

*Rühmkorf:* Wir haben vorhin so lange über Angst gesprochen, und da fällt mir jetzt auf, daß wir doch betonen müssen, daß das nicht ängstlich war, wie gesprochen wurde, sondern daß hinter der Ernsthaftigkeit, mit der über Ängste gesprochen wurde, eine große Kraft steht. Außerdem ist mir eben noch eingefallen, daß wir über eine Angst den ganzen Tag überhaupt nicht gesprochen haben, oder jedenfalls habe ich es nicht gehört, nämlich, ob nicht die Institution Kirche Angst hat vor diesen Frauen, die so miteinander sprechen können, wie sie es heute getan haben. Ich habe auf dem Markt der Möglichkeiten einen Ausspruch aufgeschnappt, und ich habe ihn gleich notiert, damit ich ihn ja nicht vergesse. Da gingen zwei Männer, so um die dreißig, vorbei, und einer sagte zum anderen: »Wenn die Frauen die Kirche bewegen, das ist das Ende der Kirche.« Der andere nickte sehr zufrieden.

*Schmidt-Biesalski:* Ich denke, »die Kirche« werden die Frauen sicherlich nicht ans Ende bringen, aber die Kirche in ihrer jetzigen Form werden sie möglicherweise sehr verändern können.

# Biographische Notizen

*Heidemarie Langer,* geboren 1947, aufgewachsen in Minden; Studium der Theologie, Sprachwissenschaft und Anglistik in Göttingen und München. Studium der Kommunikationswissenschaft und Psychologie (M.A.) in Berkeley/Kalifornien. Arbeit im Lektorat für Sprechkunde und Sprecherziehung der Universität Göttingen. Pädagogische Beraterin in der Evangelischen Erwachsenenbildung Niedersachsen. Seit 1979 Studienleiterin in der Evangelischen Akademie Bad Boll im Referat Kommunikation und Studien. Ich liebe Rhythmen von Stille und Bewegung, in der Natur, mit Menschen und in der Musik. Unter dem Begriff »Frieden« bemühe ich mich um die Verbindung von Meditation und Politik.

*Herta Leistner,* geboren 1942 in Altensteig im Schwarzwald, aufgewachsen in Nagold. Dort aktiv in der kirchlichen Jugendarbeit. Diakonisches Jahr in der Diakonissenanstalt Stuttgart,

Rosenbergstraße. Ausbildung als Gemeindehelferin im evangelischen Diakonieseminar in Denkendorf. Bezirksleiterin des Evangelischen Mädchenwerks im Dekanat Ulm. Abendabitur in Stuttgart und anschließend Studium der Sozialpädagogik an der Universität Tübingen mit dem Abschluß als Diplompädagogin. Ehrenamtliche Mitarbeit im Verband der Christlichen Pfadfinderinnen und Pfadfinder und in den Leitungsgremien des Evangelischen Jugendwerks in Württemberg. Seit 1974 Studienleiterin in der Evangelischen Akademie Bad Boll im Referat Kommunikation und Studien mit den Schwerpunkten Methoden der Erwachsenenbildung, Gruppendynamik und sehr engagiert in feministischer Theologie und Fragen von Frauen in Kirche und Gesellschaft.

*Elisabeth Moltmann-Wendel*, geboren 1926 in Westfalen, aufgewachsen in Potsdam, Theologiestudium in Berlin und Göttingen, Promotion 1951. Seit 1952 verheiratet mit Jürgen Moltmann. Vier Töchter. Seit 1974 Beschäftigung mit der Frauenfrage. Freie Publizistin. Sie veröffentlichte u. a. »Freiheit. Gleichheit. Schwesterlichkeit. Zur Emanzipation der Frau in Kirche und Gesellschaft«, 2. Auflage München 1978; zusammen mit Frank Crüsemann und Hartwig Thyen »Als Mann und Frau geschaffen. Exegetische Studien zur Rolle der Frau«, Gelnhausen 1978; als Herausgeberin »Frauenbefreiung. Biblische und theologische Argumente«, Mainz und München 1978, und »Ein eigener Mensch werden. Frauen um Jesus«, Gütersloh 1980.

Weitere Literatur von Frauen und über Frauen, aber nicht nur für Frauen, möchten wir Ihnen hier vorstellen:

Hans Jürgen Schultz (Hrsg.)
**Frauen**
Porträts aus zwei Jahrhunderten
Mit 20 ganzseitigen Schwarzweißabbildungen
280 Seiten, kartoniert mit zweifarbigem Umschlag

Bekannte Frauen von heute »... zeichnen Porträts von Frauen, die um Mündigkeit und Selbständigkeit gekämpft haben (z. B. Bettina von Arnim, Lilly Braun, Paula Modersohn-Becker). Es sind ungeschminkte, bewegende Porträts. Sie zeigen, wie jede dieser Frauen ihren ganz eigenen, oft einseitigen Beitrag leisten mußte, damit ich heute als Frau das Recht auf Bildung, Beruf, soziale Sicherung usw. genießen kann.«
Edelgard Eisenblätter / Die Gemeinde, Kassel

Derek Gill
**Elisabeth Kübler-Ross**
Wie sie wurde wer sie ist
Mit einem Nachwort von Elisabeth Kübler-Ross
Aus dem Amerikanischen übersetzt von Susanne Schaup
379 Seiten mit 20 Schwarzweißfotos,
gebunden mit Schutzumschlag

Die Lebensgeschichte der Sterbeforscherin Elisabeth Kübler-Ross ist außergewöhnlich in jeder Beziehung: von ihrer Geburt als anscheinend kaum lebensfähiges Kind – eines von Drillingen – im Jahre 1926, über ihre abenteuerreiche Jugendzeit bis hin zu ihrer Ausbildung als Ärztin und Psychiaterin und ihrem plötzlichen internationalen Ruhm durch ihre Interviews mit Sterbenden. Ihre ganze Existenz ist der einen Aufgabe gewidmet, den Menschen die Angst vor dem Tod zu nehmen und sie zu einem sinnerfüllten Leben zu ermutigen.

Kreuz Verlag    Stuttgart · Berlin

Marielene Leist
**Größer als unser Herz**
Lebenserfahrungen mit der Bibel
238 Seiten, gebunden mit vierfarbigem Überzug

Die Verfasserin sucht nicht danach, einen Bibeltext zu verstehen, sie versucht auch nicht, aus ihrem Leben Glaubenssätze zu filtern. Dies ist weder ein Andachtsbuch noch eine Autobiographie, sondern ein Leseerlebnis eigener Art. Marielene Leist entdeckt Zusammenhänge mit der Bibel, die näher sind als dogmatischer Glaube sie vermittelt.

Kurt Lüthi
**Gottes neue Eva**
Wandlungen des Weiblichen
288 Seiten, kartoniert

»Ein kühnes Buch ist dieses Werk des Wiener Theologieprofessors Kurt Lüthi (Jahrgang 1923), in dem das heiße Eisen einer christlichen Lehre von der Rolle der Frau in der heutigen Gesellschaft angepackt wird. Lüthi führt dabei den Dialog mit der Bibel, den Religionen und den Kirchen, der modernen Sexualforschung, der Psychologie und der Gesellschaftslehre, und es gelingt ihm, das befreiende Moment an der Botschaft von Jesus Christus auch auf eine Deutung der Rolle der Frau in der modernen Gesellschaft zu übertragen.«
Evangelisches Gemeindeblatt, Reutlingen

Kreuz Verlag    Stuttgart · Berlin